国际儒学联合会资助出版

典亮世界丛书

國際儒學聯合會 · 典亮世界丛书

革故鼎新 与时俱进

田辰山 赵延风 编著

人民出版社

出 版 说 明

　　2014 年 9 月 24 日，习近平主席在纪念孔子诞辰 2565 周年国际学术研讨会暨国际儒学联合会第五届会员大会开幕会上的讲话中，提出了包括儒家思想在内的中国优秀传统文化中蕴藏着解决当代人类面临的难题的重要启示："关于道法自然、天人合一的思想，关于天下为公、大同世界的思想，关于自强不息、厚德载物的思想，关于以民为本、安民富民乐民的思想，关于为政以德、政者正也的思想，关于苟日新日日新又日新、革故鼎新、与时俱进的思想，关于脚踏实地、实事求是的思想，关于经世致用、知行合一、躬行实践的思想，关于集思广益、博施众利、群策群力的思想，关于仁者爱人、以德立人的思想，关于以诚待人、讲信修睦的思想，关于清廉从政、勤勉奉公的思想，关于俭约自守、力戒奢华的思想，关于中和、泰和、求同存异、和而不同、和谐相处的思想，关于安不忘危、存不忘亡、治不忘乱、居安思危的思想，等等。"习近平主席的重要讲话高屋建瓴，视野宏大，思想深邃，深刻阐明了中华优秀传统文化为人们认识和改造世界提供的有益启迪，为治国理政提供的有益启示，为道德建设提供的有益启发，对传承弘扬中华优秀传统文化具有长远的根本的指导意义。

革故鼎新　与时俱进

　　为把学习贯彻落实习近平主席这一重要讲话精神进一步引向深入，国际儒学联合会与人民出版社共同策划了"典亮世界丛书"。丛书面向对中华文化感兴趣的海内外读者，以习近平新时代中国特色社会主义思想为指导，结合新时代中国的治国理政实践，由在中华传统文化领域深耕多年的学者担纲编写，从浩如烟海的中华典籍中精选与这十五个重要启示密切相关的典文，对其进行节选、注释、翻译和解析，赋予其新的涵义，以帮助读者更好地理解中华优秀传统文化之于当代中国的价值，为解决当代人类面临的难题提供中国方案，让中国优秀传统文化同世界各国优秀文化一道造福人类！

　　我们应秉持历史照鉴未来的理念，传承创新包括儒学在内的中华传统文化，把那些跨越时空、超越国度、具有当代价值的文化精神弘扬起来，倡导求同存异，消弭隔阂，增进互信，促进文明和谐共生，弘扬和平、发展、公平、正义、民主、自由的全人类共同价值，为共创后疫情时代美好世界、推动构建人类命运共同体而努力。

国际儒学联合会、人民出版社

2022 年 4 月

目　录

引　言

在北京大学勺海旁，立着一块高大的纪念石碑，这是西南联大纪念碑。同样的石碑，清华和南开校园里也各有一块，三块石碑都复制自云南昆明西南联大旧址，原碑在今天云南师范大学校园里。四座纪念碑树起令人仰望的精神高度。

八年抗战期间，平津沦陷，北大、清华、南开三校至昆明联合办学，八年间，刚毅坚卓、弦歌不辍，抗战胜利北返之际，决定树碑纪念。碑文由著名哲学家冯友兰先生撰写，在经历百年列强横肆、八年艰苦抗战之后，中国终以一场全面的反侵略战争胜利获得新生。面对满目疮痍、百废待举的山河，冯友兰先生的碑文却充满信心："我国家以世界之古国，居东亚之天府，本应绍汉唐之遗烈，作并世之先进，将来建国完成，必于世界历史居独特之地位。"

今天，当中国再次巍然崛起于世界东方，重读碑文，我们不禁为冯友兰先生八十多年前的预言而震撼。碑文中有这样一段话："盖并世列强，虽新而不古；希腊罗马，有古而无今。惟我国家，亘古亘今，亦旧亦新，斯所谓'周虽旧邦，其命维新'者也！"

这一段话，不但深刻揭示出中国强大生命力背后所蕴含的文化特质，而且给我们提供了一种以全球比较视野来定位中国特质的分析方法。这对我们今天仍有极大的启示意义。自鸦片战争以来，随着军事的诸多失败，在救亡图存中，我们开始了百余年不断向西方学习的过程，从技术到经济，从制度到观念，从风俗到思想，西风日劲，此消彼长。今天，中华文化要复兴，我们同样必须将其置于中西比较的视野之中，才能了解我们是谁，我们的文化究竟有何独特性，从而才能真正明白为何中华文明值得复兴，也必然会复兴，以及此复兴之于世界未来命运的深远意义。

放眼世界历史，中国是唯一历经数千年，文字、语言、历史、文明未曾中断的古国，其连续性与生命力独一无二，举世罕见。其中"古"与"今"，"新"与"旧"，这些看似对立的因素可以融于一体，使中国文化在"革故"与"鼎新"的过程中形成与时俱进、生生不息的动态生命系统，楼宇烈先生将其概括为八个字"整体关联，动态平衡"[1]，这正是中国文化的重要特质，也是中国强大生命力的来源。在民族复兴的过程中，在中国文化走向世界的过程中，这一文化特质，值得我们深入探究。

将"革故鼎新、与时俱进"置于中西比较哲学的视野下，立刻就会凸显出五种与众不同的中国特质：

一、变

"革故鼎新，与时俱进"意味着变化。 在中国文化看来，世界与人都处于变动的过程之中，需要指出的是，并非世界上所有的文化都持这样的观念。

人是什么？世界又是什么？人和世界是关联的，还是不相干的？对这些问题不同的回答，造就了不同文化迥异的宇宙观和人生观。西方崇拜一神的哲学，将神视为超绝独立、静止不变存在的秩序之

---

[1]　楼宇烈：《中国的品格》，南海出版社 2011 年版，第 3 页。

主宰。① 世界和人作为神的创造物，都被赋予了一种本质不变的抽象规定性，席文（Nathan Sivin）认为，在西方，科学的发生，最初就是在努力去寻找不变的实体②。安乐哲（Roger T. Ames）先生认为，"原子般'基本质相'作为固定不变实体'的西方科学观念，在道德伦理与宗教上也同是如此路向：它早在古希腊毕达哥拉斯时代就已产生，认为人的本质是一颗永恒、成形、自给的灵魂。"③ 每一个人都是独立的，和外界没有瓜葛的神的创造物，苏格拉底的至理名言"认知自己"（know thyself），指的就是认知这颗不变的灵魂。只能去认知，不能去塑造。

西方这种单一秩序世界"不变"的观念，对于我们中国人来说是陌生的，虽然我们可以通过字面说明努力去想象，但仍然感到似是而非、不知所以，正如西方学者对于我们司空见惯的"变化思维"感到十分惊奇。席文指出，不同于西方，中国哲人把瞬息万变的一切事件都纳入自然过程的反复循环中去理解，唐君毅先生称之为"过程宇宙观"，安乐哲对此进行了深入的阐发，认为唐君毅先生的看法极具穿透力的敏锐，充满世界意义④。这使我们认识到，在整个世界哲学光谱中，中国文化"变化思维"独具特点，"变"是中国文化的核心特质之一。

《易经》就是这种变化思维观念的总汇。在中国人眼中，没有上帝创造的一成不变的世界和自我，一切都处于发展变化当中，都是场合性的、情势性的。昨日的创新，若不与时俱进，会变成明日黄花；经年的老树，若能修根剪枝，就能抽发新芽。作为一个人，应该根据时代变化，不断进行知识更新；作为一个企业，应该根据形

① 安乐哲：《儒家角色伦理学》，山东人民出版社 2017 年版，第 82 页。
② 安乐哲：《儒家角色伦理学》，山东人民出版社 2017 年版，第 51 页。
③ 安乐哲：《儒家角色伦理学》，山东人民出版社 2017 年版，第 100 页。
④ 安乐哲：《儒家角色伦理学》，山东人民出版社 2017 年版，第 90—97 页。

势发展，不断剔除不合时宜的管理方法；中国政府"在发展中解决问题"的工作思维，正是这种"革故鼎新"变革思维的最好体现。因为中国文化以"变化"为"常态"，善于与时俱进，随机应变，因此，面对突如其来的全球性疫情，才能处变不惊，应对自如，在全球疫情防控上，一枝独秀。

二、生

"革故鼎新、与时俱进"意味着生机。新旧交替、新陈代谢，就是生命的本质特征。中国人的世界，没有上帝或某神赋予某种宿命论的规定性，世界是永无休止的流动，人生是不断塑造的过程。前者是中国文化"生生不息"宇宙观，后者是中国文化"非定命"的人生观。① 这两点不但是中国文化的重要特质，而且在世界哲学光谱中奠定了中国哲学对于"人"的亮色定位和主体定位。

中国"人"的概念，不是一个上帝创造出的附属品，具有无法自我消除的不变的罪恶性，中国的"人"是一个"万物皆备于我"而有待自我完成的无限可能性，因此，中国的"人"和西方的 human being（人）不是同一个概念。因为 human being，具有"生而为人"的固化规定性，中国的"人"具有"学以成人"的可塑过程性，安乐哲先生认为中国的"人"不应该翻译为 human being，而应该翻译为变化性的 human becoming。

这意味着中国"人"的意义，不是神外在赐予的，而是具有内在的不断成长动因。同样，整个世界就是生生不已的化育过程，具有内在演变的能量，它伴随着构成这一过程的"事件"变化易位而展开，并没有一个超绝的神来设计安排世界的开始和终结。

由于中国文化赋予了"人"修德配天的成长性，也就形成了"天

---

① 唐君毅先生观点。

人合一"的可能性，从而也就赋予了"人"顶天立地的成圣之权，这样"人之初，性本善"的光辉，就照耀着中国人修齐治平的人生道路，使中国文化充满了"天行健，君子以自强不息"的蓬勃生命力。"君子不言命，养性即所以立命；亦不言天，尽人自可以回天。"面对危机时，中国人相信人类自我革新的力量，相信有"化危为机"的生路和出路，不会听天由命、束手待毙。中国戏剧缺少古希腊人神冲突的悲剧意识，中国电影也很少像西方那样频繁出现上帝规定性的世界末日主题。

生生之谓易，反者道之动，变革获得新生，固化走向死亡。中国历经五千年一脉相承的文明史，展现出举世无双的延续性和生命力，正是因为中国文化是一个革故鼎新的"生态系统"。这一点，中国一脉因循的历史即是明证。

三、通

"革故鼎新"意味着互系互通。在中国文化的阐释域境中，"故"和"新"是两极相通的一个整体，而非互相割裂的截然对立。这种互系性，源自中国阴阳互系与转化思维，形成中西哲学的结构性差异，下面的图可以清楚看到二者结构性分别。

图 1　中国"一多不分"观　　图 2　西方"一多二元"观

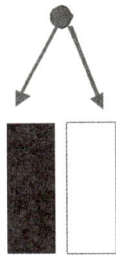

图 1 展示的是中国互系性"一多不分"思维模式。"一"是指万物形成的浑然而一的整体，"多"就是指构成整体的万物，整体和个

体是不可分割的，个体之间也是相通相系的。在这种"一多不分"观下，中国人看待一切事物，都会将其置于相互关联当中。在中国人看来，没有任何一个事物是独立于整体关联之外的本质存有，即使是看似对立的白昼和夜晚，实际上也属于同一个更大的整体。正是这种双向互系性"一多不分"特质，使中国文化形成"和而不同"的理念，形成"天人合一"的思想，自然提出"人类命运共同体""生态文明共同体"这种互系共通的全人类社会生态系统观念。

我们切勿以为这是人所尽知的常识，"人类命运共同体"观念提出后，虽然引发很多国家共鸣，但与此同时，也有一些西方国家对此抱有很深的戒心。原因之一就在于思维模式的差异。图2展示的是西方"一多二元"的思维模式，这里"一"指的是上方代表造物主的圆点，"多"代表被创造出的万物，"一"和"多"是不可转化的二元对立关系，"一"这个造物主是真善美的道德化身，而人则是有原罪的，和造物主是二元对立的，这是西方"人性恶"的基础。由于人性为恶，被创造的万物之间也是彼此独立、互相竞争和防范的关系。

可以看出，与中国"一多不分"思维相比，西方文化强调独立性、个体性，缺乏互系性、相通性、转化性和整体性，因此充满了紧张对立。安乐哲先生认为，"互系"宇宙观就是"生态"宇宙观。这很容易理解，凡是生态系统，都是相互关联的，与整体的切割与孤立往往意味着死亡。中医认为，痛则不通，形象地说明了"通"对于生命的意义。中国哲学认为，看似对立的两个方面，实则构成一个互相依存和互相转化的整体。中国语言中，诸如"革故鼎新""推陈出新""历久弥新""温故知新""敝而新成"等大量"新旧一体"的成语的存在，正说明中国这种互系性"一多不分"思维特质。

西方的"新"和"旧"是对立的，片面强调怀疑批判精神，常常推倒重来，而忽略了在革故鼎新过程中"继承和发扬"的关系。

杜保瑞先生指出，"对比中西哲学，会发现整个西方哲学史并不存在中国哲学史的三大主流学派的现象，而是一家一家地自成一个学派，后来的哲学家总需要推翻前人的问题与结论而重新定义问题并提出解答的新体系。而中国哲学家在两汉以后则几乎都是属于儒释道三家之一，在传述和诠释先贤原典的过程中，形成了自己的理论。"[①]这很好地说明了中西对待新旧态度的差异。安乐哲先生认为，中国文化在发展中有"变"和"通"两个面相，为此，他特别将"变通"以拼音形成 biantong 引入中西比较哲学当中，作为讨论中国哲学的一个术语，以表述中国文化"于继承中发展"（continuity within change）的特点[②]。

在西方人看来，当代中国的制度既然是社会主义制度，就不应该再有市场经济，共产党既然是马克思主义政党，就不可能继承儒家思想成分，这种非此即彼的二元对立思维，很难理解中国新旧一体的融通性。正是这种"不通"，导致了西方面对中国现实情况时百思不得其解的"头痛"，这种"一多二元"思维是西方难以理解和信任建立在"一多不分"思维基础上的"人类命运共同体"观念的根本原因。

四、正

"革故鼎新"必须守正。在中国文化当中，"故"与"新"，并非如西方一样只是简单的单线单向的时间概念，或是事物出现先后概念，而是以"正"作为参照标准。合乎正者，历久弥新；不合乎正者，即使新出现也是异端。

何为"正"？《说文解字》说："正，是也。从止，一以止。"宋

① 杜保瑞：《中国哲学方法论》，台湾"商务印书馆"2013 年版，第 161 页。
② 安乐哲：《经典儒家核心概念》，商务印书馆 2021 年版，第 281 页。

代徐锴在《说文》的注解中解释："正，守一以止也。"而《说文解字》开篇就对"一"进行了说明"惟初太始，道立于一，造分天地，化成万物"。可见，在中华文化中，"正"即是"道"。

"道"，是中国文化最重要的范畴之一，不但是各家各派追求的最高境界，而且渗透到普通人的日常生活语言当中。英文中表示"了解"的"I know""I see"，只有主语和谓语，到了中文里，就要多加一个宾语，变成"我知道"，"知"的不是"it/ 它"或是别的什么，而是"道"，可见，"道"对于中国文化的重要性。虽然如此，绝大部分人对于"道"的内涵是模糊的，老子说"道可道，非常道"，《论语》中，子贡谈到孔子时说："夫子之言性与天道，不可得而闻也。""道"通常给人一种玄而又玄的感觉。然而，如果我们要在革故鼎新中守正道的话，就必须对于"正道"的内涵进行明晰界定。否则，革故鼎新就失去了可操作性的判断标准。

何为"道"？段玉裁在《说文解字》注中说："道者，人所行也。"可见，在中国文化中，人是行"道"的主体。换言之，"道"在中国文化中，就是指"人之道"。那什么是"人之道"呢？孟子说："仁也者，人也。合而言之，道也。"可见"仁"是"人道"的基本内涵。中国"人"的概念，不是相对于"神"而言，而是区别于动物而言。孟子认为，人之所以为人，就在于人有四种动物没有的情感，即"恻隐、羞恶、辞让、是非"四端之心，这是人类"仁义礼智"道德的发端，其中，发端于恻隐之心的"仁"是人道之基础。

《说文解字》解释，"仁者，亲也，从人从二。"可见，"仁"就是人与人恰当亲善的关系。这是中国人对于人区别于动物的社会性之自觉。在中国人看来，"人"不是上帝创造的单独个体，只为自己活着；而是父母所生，兄弟所爱，师长所教，朋友所信，国家所养，天之所覆，地之所载诸多关系中之一结，正是这些关系，构成了"人生之道"，而"孝悌忠信"的"仁德"就是打通各路关卡，达到修齐治平境界的人之"正道","知仁勇"三德就是行正道之资粮。

行正道，必须有行道细则，"礼"就是"道"之交规，是"仁"在各种社会关系中的具象化体现，涵盖了人之别于动物的应有行为规范、道德准则，是四端之心的落实，是防止人禽兽化之防线。因此，荀子言："礼之正于国家也，如权衡之于轻重也，如绳墨之于曲直也。人无礼不生，事无礼不成，国无礼不宁。"管子曰："礼义廉耻，国之四维，四维不张，国乃灭亡。"因此，无论怎样创新，"仁"之德，"礼"之敬，作为人之正道，不可偏离。

具体到今天，守正，就是坚守"仁者，爱人；有礼者，敬人"的人之正道，将世界看作是万物并育不相害的大生态系统，凡是"利生""利众""利通"的，就属于"新"生正能量，需要积极培植；凡是"害生""害众""害通"的，就属于"故"的反正因素，必须着力"革除"。换言之，革故鼎新有其道德标准，"故"之所以要被革除，不是因为其存续的时间久了，而是因为它失去了"利生""利众""利通"的功能。

在社会现实中，一个人通过修德进礼，不断提高自身服务社会的能力，并逐渐引领感召更多的人改善社会，这就是"新"生力量，就顺应修齐治平的正道；反之，如果自私自利、故步自封、居功自傲、损公济私，那就不仁不义，已偏离正道，逐渐成为"故"旧因子，面临被社会机体清除的危险。

在历史发展中，如果一个政党，为了大众的利益，舍生忘死，公而无私，扶贫爱民，这就是新生的正义力量，一定会得到大众的拥护，成为领导核心；但如果取得政权后，忘记初心，追求私欲，危害百姓，脱离大众，就会蜕变为"故"旧势力，面临被革除的命运，这就是"三代得天下也以仁，其失天下也以不仁"的道理。

同样，如果一个国家，为人类这个大的生命共同体运转通畅，帮助建立互联互通的管道，继绝世，举废国，治乱持危，扶危济困，这就是"新"生正能量；反之，如果一个国家利用所建秩序欺压弱小，转嫁危机，唯我优先，劫掠他国，就会变成"故"旧势力，最终必然跌落神坛。"仁义不施，攻守之势异也。"

革故鼎新是为了发展自己，不是为了消灭自己。如同身体一时染疾，可以手术治疗，却不能替换头颅。身体如此，文化亦然。楼宇烈先生指出："现在还有很多人脑子里面把现代化跟西化画等号。这是我们真正走向现代化的一个很大的思想障碍，不同文化之间的交流，主体意识是不能没有的，否则的话就会出主而入奴，就会沦为其他文化的一个附庸。如果说在一百年以前，我们注重中西方文化的时代差异有它的合理性的话，那么今天我们更应当注重的是不同文化之间的类型上的差异。"① 换言之，对于百年前那种以西方文化为工业时代先进文明而将中国文化归于农业时代落后文明的观点，在今天，需从中西比较哲学的维度，以类型差异的视角进行重新的审视与反思。

每一个民族都有其文化基因和价值底线，中华民族的价值底线就是自别于禽兽的"仁义礼智信"为人正道，这是中华文明之魂魄，一旦丧失，弱肉强食、唯利是图、自私自利、无父无国、鸟兽同行的各种学说就会粉墨登场、大行其道，到那时，即使国家一时富强，中华文明都将魂飞魄散。顾炎武在《日知录》中说："有亡国，有亡天下。易姓改号，谓之亡国。仁义充塞，而至于率兽食人，人将相食，谓之亡天下"。因此，无论怎样变革，利生、利众、利通的中国文化基因不能丢，这是我们的必守之正。

五、进

"革故鼎新、与时俱进"意味着进步。"变""生""通""正"这

---

① 楼宇烈:《中国的品格》，南海出版社 2011 年版，第 26—27 页。

四点说明，中国文化是生生不息的文化，是互系互通的文化，是守正创新的文化，是仁者爱人的文化，因而也必然是与时俱进、利于全人类生命体的进步文化。

"革故鼎新、与时俱进"并非仅局限在物质与科技层面的发展与创新，也应该包括人类行为的雅化、道德理念的提升。清华大学彭林教授在公开演讲中多次强调人类在直立行走完成身体进化之后，还需要在行为和道德方面修养提升，脱离动物性，否则就只算是"半人"。只有人类自身不断革故鼎新，面对全球性危机，才能在全球治理层面进行与时俱进的调适与鼎新，摆脱当今全球治理的困境。中国人以"人"为宇宙万物之焦点，视其环境为不可分割的共同体，主张人性善，以"仁德"为人之规定性。以仁为本，以礼为行，以"大公无私"为其最高境界，以构建和谐关系为其个人道德进路，从而形成中国"天下为公"的"大同世界"社会理想。中国从个人的修身开始，不断革除狭窄的私心，扩充家国天下胸怀，使自我"苟日新、日日新、又日新"，一步步成长为与天地万物合而为一的"无我大我"境界，同时，"己欲立而立人，己欲达而达人"不断推广开去，通过修齐治平，必然能够造就"新民"，使世界为之一新。中国文化这种革故鼎新的力量，是一种内生的力量，是一种生命自然成长的力量，如滚滚源泉，日夜不息，这是世界一种新生的正能量。

鸦片战争百余年来，中国受尽凌辱，无数次跌入民族危亡的低谷，洋务运动、戊戌变法、辛亥革命，一次次变革，一次次失败，1919 年"一战"结束后，中国寄希望于以国联为核心的国际秩序还中国以公道，但"巴黎和会"上对青岛的私相授受，使中国人看清了当时国际秩序弱肉强食的本质，五四新文化运动就是对旧秩序彻底失望后爆发的，中国知识分子希望通过革故鼎新，建立一个崭新的中国，开创一个崭新的世界。当时，中国传统文化，尤其是儒家文化受到猛烈批判，西方自由主义、无政府主义、君主立宪等各种学说纷至沓来，却又都昙花一现，直到马克思主义进入中国。

　　马克思主义并不是西方人开着舰船带来、强加给中国的，也不是哪个军阀强行推行的，而完全是中国共产党人冒着生命危险推广宣传，是人民大众在革命中被自然吸引、欣然接受的。这些事实表明马克思主义与中国优秀传统文化之间一定存在某种内在契合性。笔者曾撰文①探讨过两者的契合性问题，发现两者在宇宙观、认知观、思维模式、人生观和社会观方面都具有内在一致性：马克思唯物主义追求人类摆脱"神本"和"物化"束缚的彻底解放，这与中国"上薄拜神教，下防拜物教"②的文化特质相通；马克思主义的实践性认识论与中国的知行合一认识论相契；马克思对立统一的辩证法与中国的阴阳互系思维模式相合；而共产主义理想则与中国的大同世界蓝图异曲同工，都是将世界看作命运相连的生态系统。之所以出现如此多的契合，是因为在16—18世纪东学西渐过程中，中国传统哲学和文化对包括黑格尔、费尔巴哈在内的著名欧洲哲学家和欧洲思想界以及马克思主义创始人有深远影响。

　　20世纪初的中国正处在酿生革命性巨变的历史节点，军事政治的失败使中国知识分子开始了对中国传统文化的猛烈批判，儒家思想则首当其冲，使其在当时无法承担革故鼎新之使命。当时，来自西方的革命意识形态为中国人民所青睐，马克思反压迫、反剥削的学说，与儒家的民本思想、汤武革命相契合，而共产主义理想，使受到"大同社会""天下为公"浸染的中国大众心灵产生强烈共鸣。因此李约瑟说，这种在西方非主流的理论，进入中国后，立刻受到知识分子的欢迎。领导中国革命的核心中国共产党得以建立，从而重构了中国一多不分的"心—场"社会结构，中国一盘散沙的局面

①　田辰山、赵延风：《中国传统文化与马克思主义内在精神契合性研究》，《文化软实力》2021年第2期。

②　楼宇烈：《中国的品格》，南海出版社2011年版，第1页。

得以扭转，仅仅 28 年后，中华人民共和国就建立起来。事实证明，马克思主义作为一种指导中国革命的理论是完全有效的，在此过程中，实际上正在完成中国传统文化的初步现代话语转化。

以马克思主义为指导思想建立的中国共产党，从成立开始，就承载着中国传统文化"士"的精神，一心为民、大公无私、舍生忘死、艰苦卓绝，以救万民于水火、实现共产主义为己任。1949 年，中华人民共和国成立，中国外交采取的是"打扫干净屋子再请客"的政策，就是要从根本上革除鸦片战争以来强加在中国人头上的所有不平等条约，倡导以和平共处五项原则为基础的世界公平新秩序。

经过 70 多年的发展，中国共产党关注民生、勤政爱民，已经带领人民摆脱积贫积弱进入全面小康社会。"小康"出自《礼记》，下一步就是"大同"。当今世界，正面临百年未有之大变局，处于革故鼎新的历史时刻。马克思主义产生于欧洲原始积累的资本主义时期，当时西方主要资本主义国家在国内已经形成少数人压迫大多数劳动者的情况，在国外又通过殖民掠夺第三世界国家。马克思提出"全世界无产者联合起来"，就是要反对这种"害生""害众""害通"的一多二元结构秩序，反对个人主义，自私自利的零和博弈思维，而强调共同利益，共同协作，建立"各尽所能，各取所需"的"一多不分"生态系统，这与中国古代的"大同世界"、当今的"人类命运共同体"理念具有内在精神的契合性，正是当今"革故鼎新、与时俱进"的人间正道。因此，习近平总书记指出，创新必须守正，今天"守正就不能偏离马克思主义"。因为马克思主义，正是针对当今世界"一多二元"害生不仁秩序的一剂对症切时的良方，值得实践，值得坚守。

当此百年未有之大变局，我们不但致力于民族的伟大复兴，也要关注全人类的前途命运，习近平总书记指出"建设一个什么样的世界、如何建设这个世界"是重大时代课题，中国文化"变、生、通、正、进"的特点，正是顺应和平发展、开放融通、变革创新、文明进步的时代潮流，我们要以"同舟共济"代替"自私自利"，以"公平正义"代替"弱肉强食"，以"互利共赢"代替"零和博弈"，革除"霸权主义和强权政治"旧秩序，构建人类命运共同体新型国际关系，推动历史车轮向着光明正义进步的目标前进，这是中国文化"革故鼎新、与时俱进"的必然逻辑。

以上通过比较中西哲学的视角，从五个方面阐述了"革故鼎新、与时俱进"中所蕴含的中国文化特质。本书正文将从中国传统经典中选取与此相关的名言警句，来进行进一步的详细阐发，以揭示这种蕴含其中的文化特质对于我们今天个人生活与国家治理的现实意义。

本书将分为五篇：

第一篇"故与新"，将说明"故"与"新"二者对立统一的辩证关系，"革故""鼎新"是两极相通的一个整体，不可简单对立，亦不可片面强调怀疑、批判、推倒重来，而忽略革故鼎新之中"继承和发扬"的关系。

第二篇"革故"，将说明何为"故"；"故"由何生；"故"的发展阶段和各阶段的救治方法；社会各群体在"革故"中的作用；人生和国家如何在困境中振弊起衰。

第三篇"鼎新"，将说明何为"新"；"鼎新"需要什么保证；"鼎新"需要什么样的非常之人；"鼎新"应该从何开始；"鼎新"要有什么样的决心和代价；鼎新应有什么样的智慧；等等。

第四篇"守正"，说明中华民族在"革故鼎新"中的必守之正。重点说明"道""仁""礼""乐""理""三德""四维""五常"的权衡绳墨作用，也强调了正确的"义利观"之重要性。这一篇重点说明"礼"的枢机功能，说明中国之礼义道德，其本质是人类自别于动物的自觉，而"守正"，就是要防止人的禽兽化。

第五篇"与时进"，说明世间一切都是场合性的、情势性的，因此"革故鼎新"要因地因时制宜。同时，"与时俱进"并非西方上帝创造世界的单线单向历史观的所谓"进步"，而是与时偕行、守正演进。

总之，我们希望通过这本小书进一步看清：中华民族眼里心中的世界是什么？不可放弃的道德价值是什么？追求理想的道路上行什么？矢志不渝的追求要达到什么？让我们在阅读和践行经典的过程中，使中国几千年的文化基因流淌于我们的生活之中，使我们的人生获得强大丰厚的文化滋养，从而呈现出厚重崭新的生命样态。同时，我们重新温习这些数千年来的先哲教诲，也能重新体认中华文明中历久弥新的优秀基因，有利于认清中华民族的初心和使命，不畏浮云遮望眼，革故鼎新、与时俱进，作新人，作新民，在地球村中，作新风。

（本书前期阐述理论和选文方针由田辰山、赵延风共同商定，具体选典和阐述行文由赵延风完成。限于水平，书中难免有不足之处，我们真诚地希望得到各位读者和方家的指正和反馈。相信在这个过程中，可以收获更多切磋砥砺的知音。）

第一篇

故与新

在中国文化中，『革故鼎新』是两极相通的一个整体，不可简单对立起来，片面强调怀疑、批判、推倒重来，而忽略了在革故鼎新之中的『继承和发扬』。

周虽旧邦，其命维新。

——《诗经·大雅·文王》〔1〕

注释

〔1〕《诗经》：也称《诗三百》，是中国最早的一部诗歌总集，相传由孔子编订，收集了西周初年至春秋中叶的诗歌三百多首，分为《风》《雅》《颂》三部分，在西汉时成为儒家经典。孔子说"不读诗，无以言"，《诗经》的教育可以使人温柔敦厚。春秋战国时，百家争鸣，各家在说理论证时，常引《诗经》，中国有大量成语来自《诗经》。

译文

周虽是古老的邦国，但其使命却在常新。

解析

这是《诗经》歌颂周文王的诗篇《大雅·文王》中对"周"特质的凝练概括，蕴含着厚重的使命感与蓬勃的生命力，成为中华民族的千古名言、自我定位。这里的"新"有两层含义：一作形容词，可以理解为新鲜蓬勃之意；二作动词，是革新之意。

中国历史经过夏商进入周代，发生了一个重大转折。周原是商朝属国，其祖先是后稷，就是大禹治水之后，教百姓播种百谷的农官，后几经迁徙，到文王姬昌时，已经过十三世，故称"旧邦"。商朝后期，纣王无道，文王兴农业，施仁政，孝亲敬老、尊贤恤寡，使周这个"旧邦"万民归心、渐渐崛起，到武王时终于伐纣建立新朝。

革故鼎新　与时俱进

　　王国维先生在《殷周制度论》中曾言："中国政治与文化之变革，莫剧于殷、周之际。"商朝崇鬼神，认为王命天定，周朝尚道德，提出修德配命。这是顶天立地的宣言，在世界文明的谱系中，中华文明赋予了"人"自我立命的权利，从而使中华民族摆脱了依赖救世主拯救的被动性，形成中国文化迥异于"神本"文明的"人本"特质。从此，发端于人性的"仁、义、礼、智、信"等道德原则，就成为中华民族的人生之本，治国之道。"古之所谓国家者，非徒政治之枢机，亦道德之枢机也。"①一个承载着人性善道之根的国家，纵历万世，其命常新，正像参天古树，虽经寒风摧折，因有深根固柢，严冬过尽，又会生意益然。

　　"周虽旧邦，其命维新"！几千年来，每当国家和民族陷入极度苦难之时，面临革故鼎新之际，这句先人三千年前的吟唱，就会在国人心头响起，瞬间激活我们所有的历史记忆。今天，在世界百年未有的大变局中，我们要实现中华民族的伟大复兴，信心就来自对民族精神的深刻体认与继承，这句名言是唤醒，是提振，是鞭策，是激励，中国是文明古国，但其使命常新，只要人类存在，"仁义礼智信"这些人性的光辉就必然彰显，我们要通过与时俱进的变革，使人类文明不断焕发历久弥新的生机。

----

① 　王国维：《观堂集林》，河北教育出版社 2003 年版。

"革"〔1〕去故也，"鼎"〔2〕取新也。

——《周易·杂卦传》〔3〕

注释

〔1〕革：革除。这里指《周易》的革卦。

〔2〕鼎：古代煮东西用的器物。这里指《周易》的鼎卦。

〔3〕《周易》：儒家五经之一，包括"经"和"传"，"易经"包括六十四卦及其卦爻辞，这些卦爻辞，相传为周文王所作；"易传"包括大象传、小象传、象传、文言、系辞、说卦传、序卦传、杂卦传等七类内容，分为十个部分，称为"十翼"，相传为孔子所撰。其中《杂卦传》主要阐释相邻两卦之间对立统一的内涵。

译文

"革"卦是革故除弊之义，"鼎"卦则是烹物成新之义。

解析

这是成语"革故鼎新"一词的由来，源自《周易》中相邻的两个卦——革卦☲与鼎卦☵，这两个卦的卦象互相颠倒、互为综卦。《杂卦传》将二者的意义归结为"去故"与"取新"，既有意义相反的一面，又有前后承接的一面，表明"故"与"新"相反相成的对立统一关系。这说明，一个国家，一个企业，一个团体，面对积弊丛生的困境，只要下决心革除旧弊，崭新的局面就会打开；同样，一个人无论有多大的积习劣行，一旦洗心革面，人生必然柳暗花明。

值得说明的是，在《周易·杂卦传》中，像革故、鼎新这样的相反相成的意象不止一对，像"损""益"代表盛衰；"剥""复"由烂而反；"否"极而后"泰"来，都体现出中国人思维当中一分为二、对立统一的思维特点。既关照相反两面的差异，又顾全统一的整体转化，总会在"损"中看到"益"的一面，在"剥"中寻找"复"的机缘，在"否"中笃定"泰"的到来。这是中华民族居安思危、化危为机、执两用中、处变不惊思维方式的基石。

因此，在中国文化中，"革故"与"鼎新"是两极相通的一个整体，不可简单地将二者对立起来，片面强调怀疑、批判、推倒重来，从而忽略在新旧之间继承和发扬的一面。

曲则全，枉〔1〕则直，洼则盈，敝〔2〕则新，少则得，多则惑。

——老子〔3〕《道德经·第二十二章》

注释

〔1〕枉：屈枉。

〔2〕敝：陈旧。

〔3〕老子：姓李名耳，字聃，春秋末期人，中国道家重要代表人物，其代表作是《道德经》，充满了"对立统一"的辩证思想。

译文

委曲便会保全，屈枉便会直伸；低洼便会充盈，陈旧便会更新；少取便会获得，贪多便会迷惑。

解析

这是老子在道家经典《道德经》中的精辟论述。如果说儒家所谈都基于人之常情的话，那么道家则从自然的视角看待人间万象。《道德经》虽只有五千余字，却字字珠玑，充满了颠覆一般性常识的洞见。上面一段话，揭示出生活中看似相反的现象互相蕴含转化的道理，其中就包含"敝"与"新"的关联。

在现实中，很多人追求个人的权利，追求个性的张扬，但那个最为忍辱负重的人，因为委曲求全维护了大局，最后提升成抗压能力一流、能协调众人的领袖；同样，一个正直的人，由于被嫉妒、被抹黑、被诽谤、被冤枉，而成为公众关注的焦点，当事实一一澄

革故鼎新　与时俱进

23

清，谎言一一拆穿，才越发凸显出其卓尔不群的品格；一个人越是低调谦逊，越因包容好学而变得充盈高深；一片过火的原野，凋敝的杂草烧尽，正在静待春风孕育新机；所求很少，因专注而收获，处处掘井，因浅尝而皆废。

　　"敝则新"，深刻地揭示出"新旧一体"的中国"一多不分"动态思维特质，深含着"反者道之动"的相反相成辩证法，是一种生生不息的生命价值观，于积弊丛生的困境中，鼓舞起新生的力量。

子曰：温故而知新，可以为师矣。

——《论语·为政》〔1〕

▌注释▌

〔1〕《论语》：是孔子的弟子和再传弟子记录孔子及其弟子言行的语录文集，全书共 20 篇，集中体现了孔子和儒家对于个人修身、人际关系、社会伦理、国家治理等方面的深刻见解，是儒家最重要的经典之一，也是中国历代读书人的必读书目。"为政"为《论语》第二篇章。

▌译文▌

时常温习过往所学，而每有新的领悟与体会，这样就可以成为老师了。

▌解析▌

这是孔子对于弟子有关如何学为人师的教导，其中谈到"故"与"新"的关联。这里的"故"，是旧所闻；而"新"，是新所得。①人到世间，像初来乍到的旅人，必须入乡问俗，问道于师，向前人学习。"学"在《说文解字》②中解释为"觉"，这两个汉字展现出被蒙蔽之"子"，逐渐睁眼"见"道的过程。通过了解"故知"，将学到的道理，适时地加以应用，为人处世顺畅和乐，自然心生喜

---

① 朱熹：《四书集注》，岳麓书社 1998 年版，第 80 页。

② 《说文解字》是中国最早的系统分析汉字字形和考究字源的辞书，也是中国最早的字典，是由东汉经学家、文字学家许慎编著而成。

悦，必能体会到"学而时习之，不亦说乎?"的悦乐。

学过的老道理，时时温习不忘，碰到新问题时，又能运用其迎刃而解，心中有了更深的领悟，说明已经掌握了老道理的灵魂，在实践中可以得心应手地加以运用，达到"所学在我，而其应无穷"[①]的境界，既明故理，又知新用，就可以指导别人学习作老师了。

由此，我们知道，"故知"是有益的，是应该学习继承的，但同时，必须将其在当下的现实中加以实践，才能对己有用，有所"新得"。《论语》中记录着2500多年前至圣先师孔子对学生的言传身教，是中华民族修身、为学、齐家、治国的秘籍宝典，是最宝贵的"故知"，我们应该时时温习，熟稔于心，并在新时代中活学活用，将其发扬光大，这样才能成为人生的导师。

---

① 朱熹:《四书集注》，岳麓书社1998年版，第80页。

子曰："'述〔1〕而不作〔2〕，信而好古。'窃比于我老彭。"

子曰："我非生而知之者，好古，敏以求之者也。"

—— 《论语·述而》

注释

〔1〕述：传述先贤的旧章。

〔2〕作：自己创始新的学派。

译文

孔子说："'传述而不自我创作，相信尊好古代典籍。'我私下把自己比作老彭这样的人。"

孔子说："我并不是天生有学问的人，而是尊好古代典籍，勤奋求学的人。"

解析

这两句话都出自《论语》述而篇，是孔子对自己治学之路的定位和总结，从中可以看到孔子对于守旧与创新的态度。

第一句中，孔子自比为"信古而传述"的老彭。朱熹认为，"述"是"传旧"之义，"作"是创始之义。如此说来，"述而不作，信而好古"似乎意味着孔子对自己治学的定位，就只要传述古代圣贤旧典，而并不提倡自我创新。第二句中，孔子再次强调自己"好古"的特点，并将其体现为终生勤勉追求的行动。孔子一生，删《诗》《书》，定礼乐，解《周易》，修《春秋》，祖述尧舜，宪章文武，皆传先王之旧，并不着意创立自己的学说。

革故鼎新 与时俱进

但这并不意味着孔子只有守旧，没有创新。在孔子看来，唯圣人能"作"，"述"则贤者可及，孔子自谦，不以圣人自居，因此把"述而不作"作为自己的使命，强调自己并非"生而知之"的圣人，而是笃信先圣之道，勤奋求学之人。正是因为"笃信好学，守死善道"，孔子才集群圣之大成，成为儒家学派创始人。可见，继承是创新之基石，好学又是继承之密钥，至圣先师孔子就是守正创新的典范，其治学秘籍，对于今天的人们仍大有裨益。

诗云：不愆〔1〕不忘〔2〕，率由旧章。

——《诗经·大雅·假乐》，《孟子·离娄章句上》

注释

〔1〕愆：qiān，过失。

〔2〕忘：遗漏。

译文

《诗》中说道：不出错不遗忘，遵循先祖旧典章。

解析

这是《诗经·大雅·假乐》中的一句歌词，孟子在《离娄章句上》中引用，说明先王的旧典章对于后世之政，犹如规矩准绳之于工匠，六律五音之于乐师，具有重要的指导作用。

孟子认为，按照先王之法来治理国家而出现过错的情况，几乎没有；反之，为政不用先王之道，就无法让百姓真正得到照顾。那么，这是否意味着儒家守旧保守，不知变通呢？对此我们应详加分析，不可泛泛而论。

孟子在《离娄章句上》开篇就说：再好的工匠，没有规矩，不能成方圆；再好的乐师，没有六律，不能正五音；同样，纵然是尧舜，如果不施行仁政，就无法平定天下。因此，孟子所提倡的先王之道，特指"仁政"。那么为何"仁政"具有超越时空的恒久性呢？因为其发于人的不忍人之心。见到别人痛苦感同身受的恻隐之心，是人有别于禽兽之处，也是仁爱的基础，任凭沧海桑田，世事变迁，恻隐之心古今共有，以民为本的先王仁政之道，非但不会过时，而且历久弥新。孟子生活在苛政猛于虎的春秋战国时代，当然会大力提倡古代先王仁政的旧章。

因此，当我们读到"不愆不忘，率由旧章"时，切勿一看到"旧"字，就大喝一声"守旧""陈腐"！而是要再问一句这里的"旧章"究竟蕴含着怎样特质，值得后人"不愆不忘"？如此细致入微地探求才可让我们触摸到民族文化的灵魂价值，才能领悟到"不愆不忘，率由旧章"其实就是今天"不忘初心，牢记使命"的古代版本。

执古之道，以御今之有。能知古始〔1〕，是谓道纪〔2〕。

——《老子·道德经·第十四章》

注释

〔1〕古始：指古之道的发端处。

〔2〕纪：别理丝线的线头，这里指道的出发点。

译文

把握着自古而然的大道，来驾驭今天现实存在的具体事物。能认识古代先圣之道的发心处，就能厘清"道"的头绪。

解析

这是老子在《道德经》中对于古为今用的论述。老子认为，治理国家，应该遵循自古而然的大道来驾驭今天现实中的具体事物。虽然世易时殊，具体事物变化万端，但人的喜怒哀乐、基本关系变化很小，因此调适人心、协调纷争的原则和精神就具有恒久的指导性，像大道一样，不可偏离。

那么究竟什么是"道"呢？老子认为，了解"古始"，才能抓住"道纪"。有人将"古始"翻译成"远古时代的开始"或者"宇宙的开始"，这是望文生义，不符合中国哲学的"浑然而一"观，中国哲学对于创世纪的假设没有兴趣，对于宇宙爆炸论也没有兴趣，而对于由人组成的社会大生态系统则充满关照。古代先圣在制定政策时，一定有一个最初的发心，这个发心就是"古始"，在孟子看来，不忍人之心就是"古始"，一切仁政由此出；在老子看来，

"寡欲无我"的公心，就是"古始"，抓住这一精髓，就抓住了"道"的线头，一切的乱象自然迎刃而解。

因此，国家领导人在制定政策时，一定要从百姓的利益出发，以人民为中心，政策就不会偏离正道。在执政当中，要无私无我，为民服务，就必然政通人和。反之，若施政为私利，推出政策为支持率，心心念念都为选票，国家治理就会脱离正轨。

子曰：愚而好自用，贱而好自专。生乎今之世，反〔1〕古之道〔2〕。如此者，灾及其身者也。

——《中庸》〔3〕

注释

〔1〕反：复。

〔2〕古之道：这里指古代的礼制。

〔3〕《中庸》：本是《礼记》中的一篇，由子思所作，后被朱熹选出，成为儒家四书之一。

译文

孔子说：愚笨的人偏喜欢自以为是，卑贱的人偏喜好一意孤行。生在现今的时代，却一心想恢复古代的制度。这样的人，定会有灾祸殃及其身。

解析

孔子是古代典籍的守护者和传承者，但并非食古不化者、故步自封者或复辟旧制者，《中庸》所引的这一句夫子之言充分说明了这一点。对这一句话，人们有不同的理解。有人将"反"理解为"反对"，认为此言之意是"生在现今的时代，而反对古之道，这样的人，定会有灾祸殃及其身"。如此理解的人，大约认为孔子既然"好古"，必然不会反对"古之道"。其实，这是因脱离《中庸》上下文语境而对"古之道"意义的误解。

《中庸》里"道"有两层含义，一是指"率天命而须臾不可离"

的大道原则，二是指可损益与时俱进的具体礼制。《中庸》在这一段之下，引了孔子另一段话"吾说夏礼，杞不足征也。吾学殷礼，有宋存焉。吾学周礼，今用之，吾从周"。意思是：虽然孔子研习夏商的礼制，但是由于时间久远，文献不足以证明，而周礼是当时正在使用的礼制，孔子认为就应该按照周礼行事。由此可见"生于今之世，反古之道"的"道"，代表的是具体朝代的礼。

　　仁政、民本等的大道原则，千古不变，但体现这些大道原则的具体形式却需因时制宜，这是中国哲学"一多不分"的通变思维。如果不考虑当代实际情况，一味要"复古"，那么就必然会事与愿违，灾及其身。王莽"托古改制"的失败，在一定意义上，就说明了这个道理。

鉴前世之兴衰，考当今之得失。

——《资治通鉴·后周纪五》〔1〕

注释

〔1〕《资治通鉴》：北宋司马光主编的一部编年体史书。

译文

借鉴历史上兴盛衰亡的经验教训，以考察现在社会的是非利弊。

解析

中国是一个非常重视历史的国家，中国历史记载的连续性、信实度举世罕见，这与中国古今一体的"一多不分"历史观密不可分。在中国人看来，一个国家好像一个人，不同的朝代是其不同的成长阶段，而不是互不关联的片段，以往的经验和教训对于现在和未来的成长是有意义的，因此必须翔实记载、留于后世。

中国对于历史的记载并不止于记录事件，而是要通过事件传递一种价值观，揭示兴衰存亡背后"得道者昌，失道者亡"的规律。孔子在修《春秋》时，就奠定了这一理念，被称为"春秋大义"，因此，孔子作春秋，乱臣贼子惧。其后，司马迁作《史记》时，继承了春秋笔法，后世中国正史，都秉持了以史载道的传统。《资治通鉴》，以时间为纲，以事件为目，涵盖了从周威烈王二十三年到五代后周世宗显德六年，十六朝 1362 年的历史，宋神宗认为其"鉴于往事，有资于治道"，即能以历史得失为当今的国家治理提供镜鉴。从中可见"故"益于"新"的一面。

前事不忘，后事之师〔1〕。

——《战国策·赵策一》〔2〕

注释

〔1〕师：借鉴。

〔2〕《战国策》：西汉刘向编订的国别体史书，主要记述了战国时纵横家游说各国的活动和说辞及其权谋斗争的故事。

译文

记取过去前人的经验教训，作为后人行事的借鉴。

解析

这是《战国策》中晋国赵襄子的家臣张孟谈辞去职务前所讲。

春秋末年，晋国大权被智、赵、魏、韩四家掌控，智伯势力最大，联合魏、韩攻赵，张孟谈建议赵襄子固守晋阳，以垣墙上的狄蒿、楛荆作箭，以殿中铜柱为材料制造兵器。坚守三年后，又自告奋勇说服魏、韩反戈与赵联盟杀掉智伯，解了晋阳之围。张孟谈由于劳苦功高，因而地位显赫，但他却向赵襄子提出辞职。赵襄子极力挽留，张孟谈说："我观成功的事业，听往古的传闻，天下的和美局面几乎都相同，而大臣和君主的权势不相上下国家还能和美的，却从来没有。我们应该记取前人的经验教训，作为今天行事的借鉴。"一番话，终于说服了赵襄子。于是，张孟谈辞官去名，隐居农耕，平安地度过了晚年。

像张孟谈这样观古而知今者，并不多见。临危能授命，功成而弗居，集儒家的担当与道家的洒脱于一身，既保全了自己，也成就了君主。《战国策》评价二人为："贤人之行，明主之政"。可谓两全其美。纵观历史，有张孟谈之才者不乏其人，但又有几人能学到其胸怀度量呢？

不习〔1〕为吏，视已成事〔2〕。

——《汉书·贾谊传》〔3〕

注释

〔1〕习：熟悉。

〔2〕已成事：已经做成的事。

〔3〕《汉书》：中国第一部纪传体断代史，"二十四史"之一，由东汉时期史学家班固编纂，记载了从汉高祖到王莽230年间事。

译文

不懂得怎样办理政务的官吏，只要看前人已经办成的事就行了。

解析

这是西汉大臣贾谊在给汉文帝上书时所讲。他说，俗话说：官吏不懂得怎样办理政务，看前人已经办成的事就行。夏、商、周三代之所以长久，他们的治国行事其实后人都能知道，之所以不能跟从，是因为不学习圣人的智慧。

可见，要真正以史为鉴，不但要了解史实，还要明白其理，不但要明白其理，还要知行合一。夏、商、周三代之所以兴盛，都在于高层勤政爱民，之所以衰亡，就在于君王纵情享乐。好逸恶劳，是常人的习气，古代圣贤能功成身遂垂范后世者，无一不是有极强的自律自觉品格。虽然时代变迁，科技进步，但人们好逸恶劳、追求享乐之习并未稍减。因此，要汲取古代先贤成功的经验，不但要多读史，知其事功，还要习其德，以行其事。从这个意义上说，三代距今虽三千余年，但其"故"事之中的道理与启迪，却常看常新。

前车覆〔1〕，后车诫〔2〕。

——《汉书·贾谊传》

注释

〔1〕覆：翻车。

〔2〕诫：鉴戒。

译文

前面的车子翻了，后面的车就要引为鉴戒。

解析

这一句是贾谊在给汉文帝上书时所说。他说，秦朝急速灭亡的前辙清晰可见，但后人不知避开，终会一样覆亡。按说"前面的车子翻了，后面的车就要引以为戒"。但纵知桀纣以好色亡国，秦朝以暴虐失政，后世君王仍不乏步其后尘者。为何历史总是不断重演？

美国经济学家卡门与肯尼斯在其著作《这次不一样——八百年金融危机史》① 中剖析了这种现象背后的心理原因。他们分析了从拿破仑时期欧洲银行挤兑倒闭，到 2008 年美国引爆全球金融危机，指出只要一个经济体超发货币、过分举债，那么虚假繁荣之下，危机终将到来。这其实是很简单的道理，为何人们一次次重蹈覆辙？

① ［美］卡门·M.莱因哈特、肯尼斯·S.罗格夫：《这次不一样　八百年金融危机史》，綦相、刘晓峰、刘丽娜译，机械工业出版社 2020 年版，第 1 页。

革故鼎新　与时俱进

原因就基于一种"This Time is Different（这次不一样）"的自负侥幸心态。即认为危机是一件在别的时间、别的国家，发生在别人身上的事情，我们比别人更好、更聪明，而且已经从历史的错误中汲取了教训。于是潜意识中认为，前人的覆辙限制不住我们，我们会是一个例外。殊不知，贪欲和自负，正是覆亡的前奏，自古而然，无论古今。

马克·吐温说："历史不会重演，但会押韵。"当我们听到自己在心里说"这次不一样"时，一定要更大声地告诫自己"前车覆，后车诫"，以史警心。

今人不见古时月，今月曾经照古人。古人今人若流水，共看明月皆如此。

——李白〔1〕《把酒问月》

注释

〔1〕李白（701—762 年）：字太白，号青莲居士，唐朝著名诗人，被后人誉为"诗仙"。

译文

现在的人见不到古时之月，现在的月却曾经照过古人。古人与今人如流水般流逝，共同看到的月亮却皆如此。

解析

朗朗明月，年年如斯，见证了一代又一代人的变迁。亘古不变的月亮，常常引发人类对宇宙历史的哲思与人生变迁的感慨。

"今人不见古时月，今月曾经照古人。"通过明月这样一个恒定的意象载体，古人与今人产生了奇妙的关联。"古人今人若流水，共看明月皆如此。"虽然一代代人如流水般流逝，但看到的明月却都一样。这里的"一样"，并非指月亮本身，而是指不同时代的人看月亮时，都会产生相似的情感。在外的游子，举头望明月，会产生思乡之情；盼归的妻子，皓月当空，愿随月华流照夫君；花下独饮，曾邀明月相伴；亲友分散，愿千里共婵娟。这样，月亮成为一代代中国人共情的载体，将古今不同时代的人联成一个情感共同体。由于共情，有着共同的文化基因，因此代代相传，生生不息，

革故鼎新 与时俱进

所谓"人生代代无穷已，江月年年只相似"。

这些诗句中包含着中国古今一体的"一多不分"哲学观，使我们能够传承文化道统，将有限的生命安顿在无限的民族精神长河中，在变迁中把握永恒的安顿。

海日生残夜，江春入旧年。

——唐·王湾〔1〕《次北固山下》〔2〕

注释

〔1〕王湾：唐代诗人，现存诗十首。

〔2〕《次北固山下》：唐代诗人王湾的名诗。全诗为："客路青山外，行舟绿水前。潮平两岸阔，风正一帆悬。海日生残夜，江春入旧年。乡书何处达？归雁洛阳边。"

译文

夜幕尚未褪尽，海日已蓬勃涌升；还在旧年时分，江春已经来临。

解析

这是唐代诗人王湾《次北固山下》中的名句，当时的宰相张说亲自书写悬挂于宰相政事堂上，让文人学士作为学习的典范。这两句诗究竟有何深意，能得到当朝宰相如此的赞赏？

"海日生残夜，江春入旧年"，用自然现象揭示出新旧递替的规律。"新"往往孕育于"旧"当中，同时，"新"机一旦出现，必然会冲破旧的束缚，成为不可遏制的趋势。正像海日涌生于残夜，江春降临于旧冬。两句诗在夜色如墨、岁暮腊残中，用喷涌的红日、泛青的江春，给人以鲜活的生机和进取的勇气。作为唐代推动"开元之治"的重要人物，张说以此悬于政事堂，正可起到勉己励人的作用。一千多年过去，这极富哲理和画面感的诗句，仍能激发起人们于困苦中奋发的斗志。

在 20 世纪初风雨如磐的旧中国，一艘红船从南湖启航，经过百年的惊涛骇浪，已锻造成今日全球变局中坚实的东方巨轮。"海日生残夜，江春入旧年"，没有一个黑夜能阻挡黎明，没有一个严冬能封住新春，没有任何力量能够遏制中华民族复兴的脚步。

沉舟侧畔千帆过，病树前头万木春。

——唐·刘禹锡〔1〕《酬乐天扬州初逢席上见赠》〔2〕

注释

〔1〕刘禹锡（772—842 年）：唐代诗人，官至东部尚书，曾多次遭贬。

〔2〕《酬乐天扬州初逢席上见赠》：全诗为："巴山楚水凄凉地，二十三年弃置身。怀旧空吟闻笛赋，到乡翻似烂柯人。沉舟侧畔千帆过，病树前头万木春。今日听君歌一曲，暂凭杯酒长精神。"

译文

沉舟侧畔，千帆竞发；病树前头，万木逢春。

解析

这是刘禹锡遭贬 23 年返回洛阳时，在扬州遇到老友白居易写的酬答诗中的名句。面对友人为自己的遭遇鸣不平而写的赠诗，刘禹锡在开头先呼应友人，诉说了 23 年在巴山楚水间漂泊辗转的落寞，以及暮年归来后知交凋零、物是人非的伤感。但随后诗人笔锋一转，引出这句"沉舟侧畔千帆过，病树前头万木春"的千古名句，使全诗情调陡振，境界豁然开朗。

无论是在历史的长河中，还是在人生的道路上，总有衰落与老迈，要摆脱消沉和落寞，需要转换一个视角，将有限的"小我"置于生生不息的"大我"生命体中，这样一来，"沉舟""病树"的死结立刻变成"千帆竞发""万木逢春"的生机，世界充满活力，人生重添精神。

革故鼎新　与时俱进

芳林新叶催陈叶，流水前波让后波。
——唐·刘禹锡《乐天见示〔1〕伤微之敦诗晦叔〔2〕
三君子皆有深分〔3〕因成是诗以寄》〔4〕

注释

〔1〕见示：给我看。

〔2〕微之：元稹；敦诗：崔群；晦叔：崔玄亮。

〔3〕深分：深厚的友谊。

〔4〕全诗为："吟君叹逝双绝句，使我伤怀奏短歌。世上空惊故人少，集中惟觉祭文多。芳林新叶催陈叶，流水前波让后波。万古到今同此恨，闻琴泪尽欲如何。"

译文

芳林中新叶不断催换着旧叶，流水里前波总是让位给后波。

解析

这是刘禹锡写给白居易的另一首应答诗中的名句。

人到暮年，最伤感的莫过于故人凋零。元稹、崔群、崔玄亮三君子，是白居易和刘禹锡共同的好友，三人相继离世后，白居易写了两首悼念诗寄赠给刘禹锡，刘禹锡读后回诗作答。诗歌中，虽然也有"世上空惊故人少，集中惟觉祭文多"的哀痛，但同时又用"芳林新叶催陈叶，流水前波让后波"来劝慰好友，表现出刘禹锡对于新陈递替的顺应心态与豁达胸怀。

世间万物，新旧更迭是自然规律。新叶本是陈叶生命的延续，因此前辈对于新人应积极扶植；前波和后浪本是一体，因此在合适的时机，应将展现的舞台让于后辈。倘若不明白此理，想要对新兴崛起的力量遏制、打压，不但难以奏效，反而坏了自己的心境和形象。一个"让"字，展现出生命成熟的风范与优雅，一个"压"字，暴露出年老力衰的不济与狭仄。

神龟虽寿，犹有竟时。腾蛇〔1〕乘雾，终为土灰。

老骥〔2〕伏枥，志在千里。烈士〔3〕暮年，壮心不已。

——曹操〔4〕《龟虽寿》

▌注释▌

〔1〕腾蛇：传说中与龙同类的神物，能乘云雾升天。

〔2〕骥：jì，良马，千里马。

〔3〕烈士：有远大抱负的人。

〔4〕曹操（155—220年）：字孟德，东汉末年丞相，中国古代著名的政治家、军事家、文学家，善诗文，开建安文风。

▌译文▌

神龟虽然长寿，尚有死亡的时候；腾蛇虽乘雾而飞，终会化为土灰。

良马虽老伏在马槽，仍志在千里；有志之人到了暮年，雄心不会止息。

▌解析▌

这是曹操53岁时所作诗篇《龟虽寿》中的名句，反映出中国人对于生命价值观的思考和生活态度的定位。神龟虽寿，终会死亡，腾蛇高飞，终成土灰。人亦如是，终究难逃新陈代谢的规律，而且与数千年寿命的神龟相比，人生短促如石火电光，这样的人生究竟有何意义？应该怎样度过？有人伤春悲秋，随波逐流；有人及时行乐，得过且过。但儒家认为，人生是有使命的，是要成就一番事业的，而这事业往往与家国天下相关。

　　曹操写这首诗时，是在刚刚平定北方，南下征讨荆、吴之前。虽然已届暮年，但由于胸怀统一中国的宏愿，强烈的使命感激发出"时不我待"的强大生命力，使他从心底发出"志在千里""壮心不已"的慨叹。一个人只要胸怀家国天下的使命，生命就充满了不竭的动力，就会老当益壮，青春常在。

叶公问孔子于子路，子路不对〔1〕。子曰："女奚〔2〕不曰：'其为人也，发愤忘食，乐以忘忧，不知老之将至云尔。'"

——《论语·述而》

注释

〔1〕对：回答。

〔2〕奚：怎么。

译文

叶公向子路打听孔子是什么样的人，子路没有回答。孔子对子路说："你怎么不说，他这个人发奋用功忘记了吃饭，用快乐忘掉了一切忧愁，就连快老了都不知道。"

解析

孔子一生谦逊，唯有对"好学"的特点从不自谦。《论语》中有多处提及孔子的好学，这一节更是孔子对自己好学形象的生动白描，令人有如对目前之感。

一个人为何能发愤忘食呢？一是有强烈的使命感，二是有生命的紧迫感，三是在所做之事中体会到极大的乐趣，使他忘记了吃饭。饮食是人基本的生理物质需求，发愤忘食，意味着孔子已经超越了物质层面的困扰。这不是因为他物质很丰足，而是因为他有更高级的快乐而不以物质为意。孔子说"饭疏食，饮水，曲肱而枕之，乐在其中矣"，充分说明了这一点。一生都为稻粱谋，都在追求物欲的人，难以体会发愤忘食的无上快乐。

如何乐以忘忧呢？先看忧从何来。孔子说：人无远虑，必有近忧。有修齐治平的高远志向，就会忘记个人得失的近忧。孔子说：德之不学，学之不讲，闻义不能徙，不善不能改，是吾忧也。孔子的担忧在于不能长进，发愤忘食，学而时习，正可生乐忘忧。

　　孔子的"乐"是学问增长、道德日进、使命完成的成长之乐，足以使其忘记物欲之扰、得失之患、年岁之忧。钱穆先生在援引孔子这句话时曾说，孔子终身常带一种青年气度。这种常葆青春的秘方，值得我们今天的人们去效验。

莫道桑榆〔1〕晚，为霞尚满天。

——刘禹锡《酬乐天咏老见示》〔2〕

注释

〔1〕桑榆：指桑、榆二星。太阳下到桑榆二星之间，天色便晚了，这里比喻人至晚年。

〔2〕全诗为："人谁不顾老，老去有谁怜。身瘦带频减，发稀冠自偏。废书缘惜眼，多灸为随年。经事还谙事，阅人如阅川。细思皆幸矣，下此便翛青岛。莫道桑榆晚，为霞尚满天。"

译文

不要说太阳到达桑榆之间已近傍晚，它的霞光余晖照样可以映红满天。

解析

这仍是刘禹锡写给白居易的一首应答诗中的名句。刘白二人同龄，又是诗文至交，当时均年过六旬，都居洛阳，同患有足疾、眼病，不免同病相怜。对于老病，白居易有时会有消极悲观情绪，而刘禹锡则体现出一以贯之的乐观豁达。

他先说年老的确有眼疾、发稀等不便，但年老也有"经事还谙事，阅人如阅川"的优势，细想也是一件幸事，足可翛然自乐。最后两句"莫道桑榆晚，为霞尚满天"是全诗的点睛之笔，意境优美，气势豪放，面对生理的衰老，诗人的心境却青春依旧，要用有生之年撒出满天的红霞。这既是诗人积极人生观的剖白，又是对老朋友的宽慰和鼓励。

有人说：儒家的人生轨迹不是抛物线，而是登山线。只要有这种昂扬的精神，更上层楼的心态，年虽老而青春常在；反之，如果失去了成长的动力、服务的精神，一味躺平，年虽少心已早衰。

新竹高于旧竹枝，全凭老干为扶持。

明年再有新生者，十丈龙孙〔1〕绕凤池〔2〕。

——清·郑燮〔3〕《新竹》

注释

〔1〕龙孙：指竹笋、幼竹，这里指新生者。

〔2〕凤池：即凤凰池。本是禁苑中的池沼，后指宰相衙门所在地，也代指宰相。此处既指画中的池塘，也借指扶持新生者的"老干"。

〔3〕郑燮（xiè）（1693—1765 年）：即郑板桥，字克柔，号板桥，江苏兴化人，清代著名的书画家、文学家，其"诗、书、画"别具一格，是"扬州八怪"的主要代表人物，也是一位清正爱民的官员。

译文

新生竹枝高过了旧有的竹枝，完全是凭仗老竹的催生与扶持。

待来年再有新竹长出，会孕育更新的竹子，凤池旁就满是郁郁葱葱的幼竹。

解析

这是郑板桥的一首题画竹诗，本为庆贺其兄生子所作。诗歌借新竹生长，展现出自然界和人类社会中新旧相依、生生不息之道。

新竹初生，非常稚嫩，全靠着老竹的扶持和滋养才能茁壮成长、后来居上，成为壮竹之后，当年的新竹就可催生更新的竹笋，这样凤池边终于形成了一个绿竹猗猗、葱葱郁郁的生态系统。

在中国文化中，父子之间、师生之间就是这种"一多不分"的连续共同体生态关系，达观的前辈会积极扶持后辈，希望其青出于蓝而胜于蓝，优秀的后辈也会继前辈之志，承前辈之基，将师长的道业发扬光大。中国文化并不缺少创新精神，只是我们的创新是在传承基础之上的发扬创新，而不刻意强调怀疑批判、标新立异、与他人不同。正因为如此，中华文明才成为世界上唯一一个历经五千年，文字、历史、价值体系不曾中断的博大精深的文化生态系统。

革故鼎新 与时俱进

第二篇

革故

新陈代谢，是生命的表征。『革故』就是革除阻塞生命体发展的故旧成分。何为故？凡是『害生』『害众』『害通』的，就属于不合时宜的『故』，必须着力『革除』。『革故』，有时表现为量变的修正革新，有时则表现为疾风骤雨般的质变性革命。有时是自我变革，有时是外在革除。无论哪种形式，都是生命体发展过程中的重要环节。

肉腐出虫，鱼枯生蠹〔1〕。

流水不腐，户枢〔2〕不蠹。

——《荀子·劝学》〔3〕

——《吕氏春秋·纪·季春纪》〔4〕

注释

〔1〕蠹：dù，虫。

〔2〕枢：门轴。

〔3〕荀子：战国后期儒家荀学派代表人物，其学集儒法观点于一体，隆礼重法；尊王道，也称霸力；"法先王"，更"法后王"；针对人有欲望习气，提出"性恶论"，强调后天学习的重要性。

〔4〕《吕氏春秋》：又称《吕览》，由秦相吕不韦集合门客编撰而成，以黄老道家为主干，是一部融儒道法墨诸子百家于一炉的治国名著。

译文

肉腐坏了就会生蛆，鱼枯死了就会生虫。

流动的水不会发臭，经常转动的门轴不容易遭虫蛀。

解析

新陈代谢，是生命的表征，吐故纳新，是生态的保证。一旦停滞不前，昨日的创新，就会变成明日黄花；昨日的新生力量，就会蜕变为今天的得过且过，乃至明天的故旧势力。

肉之所以腐坏，是因为它脱离了生命体；鱼之所以枯死，是因为它离开了水这个赖以生存的生态系统。于是，它们不再自我更新，一日日陈腐下去，终于成为"害生""害众""害通"的腐朽事物，需要被彻底革除。

一个人、一个组织、一个国家，亦复如是，要像"流水"和"户枢"一样，时刻保持自我革新的警醒，否则，就会因蜕化变质而陷入困境。因工作出色被提拔到重要岗位的官员，要盯紧自满享乐心态的萌动，否则，提拔可能是锒铛入狱的前奏；得到全民拥护的政党，要时刻保持与民一体的鱼水系统，脱离群众，就会鱼枯生蠹；取得辉煌成就的大国，要放眼新格局，直面新挑战，不断革除在发展中已经蜕变为"害生""害众""害通"的故旧势力，保持国家蓬勃向上的生机。

大功之后，逸乐〔1〕易生。

——《新唐书·列传·卷一百零二李翱〔2〕传》〔3〕

注释

〔1〕逸乐：安逸享乐。

〔2〕李翱（772—841年）：字习之，唐朝大臣、文学家、哲学家，以直谏闻名。

〔3〕《新唐书》：是北宋时期宋祁、欧阳修、范镇、吕夏卿等合撰的一部记载唐朝历史的纪传体断代史书，属"二十四史"之一。

译文

大功告成之后，最容易产生贪图安逸的享乐思想。

解析

这是唐朝大臣李翱向唐宪宗谏言中的警世名言。

805年，27岁的唐宪宗李纯即位，他奋发有为，读书每至贞观、开元故事，心中渴仰不能释卷。即位后，革除弊政，任用新人，修订律令，整顿科举，减省官员，加强财政管理，听从大臣建议，以法度制裁藩镇，经过十多年的努力，终于在819年结束了唐中后期藩镇跋扈局面，取得了"元和中兴"的成就。李翱的谏言正是在这一年。

李翱说："陛下武功已建，只要不被取悦之辞迷惑，任用直谅忠臣，那么建立盛世，并非难事。若不马上开始，臣担心建立大功以后，容易滋生安逸享乐之心，有人会说'国家已经太平了，皇上可以高枕安逸了'。这样一来，在可以复兴时却因放松努力而错失良机，就太可惜了。"

真被李翱不幸言中。大功之后生安逸，是自我满足的表现，自我满足，必听不进谏言，这样直谅士被排挤，阿谀臣常靠前，唐宪宗开始迷方士，求长生，服金丹，药后躁怒，身边人人自危，就在李翱谏言的第二年，唐宪宗竟然被身边的宦官害死在宫里，年仅43岁。

可见，安逸享乐是一剂甜美的毒药，裹含着内卷与消亡。今天中央提出狠抓四风，可谓抓住要害。享乐之心起，奢靡之风必作，头脑里都是香车豪宅、名表佳人，哪里还有心思为百姓办实事，形式、官僚主义必然盛行，危机与祸端就在眼前。戒之哉！

日中则昃〔1〕，月盈则食〔2〕。天地盈虚，与时消息〔3〕。

——《周易〔4〕·丰卦象辞》

注释

〔1〕昃：zè，太阳偏西。

〔2〕食：通"蚀"，缺。

〔3〕消：消亡；息：孳生。

〔4〕《周易》：儒家五经之一，包括"经"和"传"，"经"包括六十四卦及其卦爻辞，卦爻辞相传为周文王所作；"易传"相传为孔子所撰，其中象辞是对全卦卦辞的判断性解释。

译文

太阳运行到中天就会向西偏移，月亮圆满之后就会亏缺。天地之间万事万物的充盈丰满或是亏欠空虚，都随着时间的推移而有消亡生长。

解析

这是《周易》丰卦象辞中的哲言，揭示出世间物极必反、盛极而衰的规律。

丰卦是《周易》的第55卦，上下卦分别是"震"☳和"离"☲，代表的自然意象是"雷"与"火"，因此象辞开头的判断是："丰"，大也，光明而动，如日中天之象，但接着话锋一转，指出于此极盛之时，"日中则昃，月盈则食"的危机已悄然开启。

为何会如此呢？原因是"天地盈虚，与时消息"，世间万物都处于一种"心—场"（focus-field）结构的关联变化之中，此时的完美，就是彼时的不合时宜，人没有一刻可以自满放逸，否则从光明敏行，变为昏聩惰怠，只在朝夕之间。可不慎乎？

履〔1〕霜，坚冰至〔2〕。

——《周易·坤卦》

注释

〔1〕履：踏、踩。

〔2〕至：到来。

译文

脚踏到轻霜上，就预示着三尺之冰的严冬就要到来。

解析

这是《周易》坤卦☷初爻的爻辞。坤卦六爻皆阴，第一爻（初六）代表阴气始凝，夏过秋至，轻霜初泛，虽然只是极微小的变化，但任其发展，后面就是冰冻三尺的严冬。坤卦的文言的部分进一步说明，"臣弑其君，子弑其父"这样的大恶，都"非一朝一夕之故"，而是逐渐发展造成的，原因就在于没有提前发现蜕变的苗头，结果从小微起，成大困剧。

这句名言给我们的启发是，无论治国还是做人，都要注意觉察悄然出现的"霜"痕，防止最后凝成坚冰。何为"霜"痕？自满、放逸、浮躁、享乐，都是一个人或社会结霜之迹象，若不及时反思和反省，腐化堕落的氛围就会逐渐形成。现在，冰箱大都内设自动除霜机制，一旦失灵，冰箱壁上就会结成厚冰，清除起来，费时费劲。而"吾日三省吾身"对于一个人，"批评与自我批评"对于一个组织，正是防微杜渐、及时自新的"除霜"机制，不可废置。

其安易持，其未兆易谋；其脆〔1〕易泮〔2〕，
其微易散。为之于未有，治之于未乱。

——《道德经〔3〕·第六十四章》

注释

〔1〕脆：脆弱。

〔2〕泮：pàn，消解。

〔3〕《道德经》：又称《老子》，中国道家重要经典，春秋时期老子（李耳）所作。

译文

局面安定时容易保持和维护，事变没有出现迹象时容易图谋；事物细微时容易消散；做事情要在它尚未发生以前就处理妥当；治理国政，要在祸乱没有产生以前就早做准备。

解析

"革故"要在尚未发生以前就有预防机制，治国要在祸乱没有产生以前就化解于无形。这句话告诉我们见微知著、防微杜渐的道理。

中国文化是极为敏感的察变型文化，特别注重对于事物在发展过程进行连续性整体考察，因此，具有"一叶知秋"的前瞻性和忧患意识。这源于中国"一多不分"的思维方式，在阴阳八卦图中，阴阳不但构成一个整体，而且彼此包含，"新"中就隐含着老化的因子。

新政权建立之初，要提前建立防腐机制，时时防范和拔除滋生弊端的苗头，这样才能长治久安。否则，就像房屋缺乏清理机制，日复一日，垃圾堆积如山，新房会变成旧屋，大扫除时就会伤筋动骨。《尚书·周书·周官》中讲"制治于未乱，保邦于未危"，就是这个道理。因此，"革故"要时时进行，应洞幽烛微、明察秋毫，对苗头性、倾向性的问题防患于未然，切勿拖到积重难返之日，那将迎来暴风骤雨的手术式革命。

非独染丝〔1〕然也，国〔2〕亦有染〔3〕。

非独国有染也，士亦有染。

——《墨子〔4〕·所染》

注释

〔1〕染丝：（用颜料）染丝线。

〔2〕国：这里指国君。

〔3〕有染：受到熏染。

〔4〕墨子（公元前 476 或 480—前 390 或 420 年）：名翟，春秋末期战国初期宋国人，墨家学派创始人，主张兼爱、非攻、非命、节用等，其主张收集在《墨子》一书中。

译文

不是只有染丝线是这样，国君也可以受到熏染，不是只有国君会受到熏染，读书人也可以受到熏染。

解析

有一次，墨子经过一家染坊，看到洁白的丝线因染缸不同而被染成五色，遂感叹环境对人的熏染作用。这就是成语"墨悲丝染"的出处，说明亲信和朋友对于一个人乃至一个国家命运的重大影响。

国家升平之时，国君容易产生自负怠惰之心。这时贪图私利之人，就会乘虚而入，他们察言观色，培养或迎合君王声色犬马之欲，逐渐成为亲信近臣，之后，结党营私，排除异己，控制权力，把持朝政，使君王再也听不到药石之言。庙堂之上，社会之中，风气被彻底腐化，国家走向危亡。晚年的齐桓公就是最好的例子。

报纸曾刊登重庆市巫山县检察院某官员，因收受巨额贿赂被捕。在狱中，他痛心疾首反思自己堕落的过程，其中有一条就发人深省。他说："这么多年，除了一帮私人老板等'酒肉朋友'，几乎没有交情趣高雅、淡泊名利的良师益友。在这种圈子当中迷恋酒场、牌桌，追求豪车别墅，与一帮老板富人攀比消费，在拜金主义、物欲膨胀的驱使下一步步滑向犯罪的深渊。"

《诗》曰"必择所堪，必谨所堪"，交友必谨慎，要结交净友、智友、道友，若是想要净化声色犬马之"友"，那就要掂量一下自己的道行，看自己能不能招架得住。

责人者，原〔1〕无过于有过之中，则情平；

责己者，求有过于无过之内，则德进。

——《菜根谭》〔2〕

▌注释▌

〔1〕原：原谅，体谅。

〔2〕《菜根谭》：明朝洪应明编著的格言读物，是一部论述修养、人生、处世、出世的语录汇编。

▌译文▌

批评别人时，要能够在别人的过错中体谅到其无过的一面，这样才能情绪平和帮助到别人；自我批评时，要在看似无过当中找出错误的用心，这样才能增进自己的德行。

▌解析▌

《菜根谭》是明朝学者洪应明收集编著的语录集，是一部论述学问、修养、处世的格言汇编。言辞中既有儒家的严谨修身，又有道家的达观化性，集出世与入世于一体，融克己与逍遥于一身。尤为难得之处在于，其警言隽语洞察人性，常于平常语中，散淡一笔，便闪现明察秋毫的犀利剑锋，是士子正己之当面明镜。

曾子曰：夫子之道"忠恕"而已矣。无论是"中心"之"忠"还是"如心"之"恕"，总之不离一个"诚"。何为诚？"诚者，非自成己而已也，所以成物也。成己，仁也；成物，知也。性之德也，合内外之道也。"因此，无论"责人"还是"责己"，都不能脱离"成"之初衷。将这一初衷横在胸中，作为一杆标尺，就可以防范过与不及之偏。

他人之过易见。责过为"成"人，应该对"过"不对"人"。是否如此，《菜根谭》给了一个自我判定的标准，那就是一个"平"字，责人之时，要细察己心。身有所忿懥，则不得其正。不失"成"人之初衷，就必定在责人之过的同时，会善护其人。自己之失易文。责己为"成"己，因此要弃事而追根。能否如此，《菜根谭》也给了一个挑战，那就是能否在看似无过中发现隐微的习气，加以剔除，如此必然德进。

要开展批评与自我批评，需以此二条检点，如此才能防范"借公论快私情"与文过饰非、隔靴搔痒。

如知其非义，斯速已〔1〕矣，何待来年？

—— 《孟子〔2〕·滕文公章句下》

注释

〔1〕已：停止。

〔2〕孟子（约公元前 372—前 289 年）：名轲，山东邹城人，战国时期思想家、政治家、教育家，儒学代表人物，被称为"亚圣"。其代表作《孟子》是儒家经典《四书》之一。

译文

如果知道是不义的事情，就应该马上停止，为什么还要等到明年呢？

解析

革除旧习，需要有突破自我的勇气。大多数时候，我们在心底都明白是非对错，关键在于知易行难。

《孟子》里记录了这样一件事。宋国大夫戴盈之听孟子讲仁政，觉得很有道理，说：现在百姓的税的确太高，降到十分之一才合理，但我现在做不到，我先减一点，等明年再废止现在的税制，如何？孟子给他打了个比方：假定有人天天偷邻居家的鸡，别人正告他"这不是君子的行为"。那人却说"那让我先少偷一些，每月偷一只鸡，等到明年再停止偷鸡"。既然知道是不义的事情，就该马上停止，为什么还要等到明年？

为什么不能循序渐进到明年再改呢？因为孟子洞悉人心。积习之所以形成，就是因为背后是人无法抵制贪欲、懒惰、享乐等的诱惑，要革除掉积习需要有大毅力。无论是戒烟、戒赌、戒毒，戒贪，中间都会有这个攘鸡贼的苟安心理。孟子了解，任何借口都是意志不坚定的体现，只要有一个针尖样的孔，革除旧习旧政的阵线就无法筑牢。

子曰：好学近乎智，力行近乎仁，知耻近乎勇。诚然！

常人突遭祸患，可决其再兴，心动于警励也；

大家〔1〕渐及消亡，难期其复振，势成于因循〔2〕也。

——《围炉夜话》〔3〕

注释

〔1〕大家：大户人家。

〔2〕因循：沿袭。

〔3〕《围炉夜话》：清代学者王永彬所著的儒家格言读物，充满睿智的处世警句。

译文

寻常人家突然遭遇灾难祸患，能拿定主意设法重新振兴，因为心中时常对自己进行告诫和勉励；大户人家走向败亡，难以期待能再次振兴，因为已经习惯了沿袭现状而不思进取。

解析

佛教有一种说法：逆境是当头棒，容易使人警醒；顺境是脑后针，让人难以提防。

常人突遭灾祸，立刻面临生计困境，好像当头一棒，必须做出反应，努力渡过难关，这样整个人的潜力和阳气被激发出来，反倒振兴起来。但若是大家族或是强盛的大国，虽然已经暗生陈腐，日渐衰败，但因为先前家大业大，并不会立刻面临生存困难，所谓"百足之虫，死而不僵"，就给人一种虚假的安全感。这时整个系统已经形成一种惯性，整个家族或国家，就像一列陈旧的火车，在日益变形的铁轨上运行，危机四伏。但掌权者或利益集团，从自身利益出发，并没有改革的动力，结局就会像温水煮青蛙一样，日渐衰腐下去，不可逆转。

木之折也必通蠹〔1〕，墙之坏也必通隙〔2〕。

——《韩非子〔3〕·亡征》

▎注释▎

〔1〕蠹：dù，蛀虫。

〔2〕隙：缝隙。

〔3〕韩非子（约公元前280—前233年）：即韩非，战国时期韩国人，中国法家学派代表人物，《韩非子》由其所著文章编辑而成。

▎译文▎

木头折断定是因为有蛀虫钻的洞，墙体倒塌定是因为里面有缝隙。

▎解析▎

这是韩非子对于一个国家最后走向灭亡之起点的精辟总结，百丈之木最后摧折，一定从蛀虫开始；数仞高墙一朝崩坏，一定和墙体缝隙有关。

如果只有几只蛀虫，大木不会腐朽；只有些许缝隙，高墙也不会倾坏。定是已蛀虫丛生，缝隙遍布，才会造成灾难性的后果。那么，为何会发展到如此严峻的地步呢？一定是一个组织内部已经失去了"革故"的免疫机制，这样蛀虫出现后，不但不会被识别、革除，甚至连免疫系统也一并生蛀；缝隙出现后，不但不能及时补新，而且连修补之人也在破坏，这样，国家就隐藏着极大的危机。

这是值得全党高度警惕的。中国共产党是国家的领导核心，是社会的阳刚正气，而政法纪检系统和公检法机构，就是党和国家的免疫体系。要防止党和国家出现腐败，首先要保证免疫系统不腐化、不变质。这就要求每个党员，都要保持不放逸、不油腻的成长姿态，只有胸怀千秋伟业的志气，才能有百年风华的气象。

山下有风，蛊〔1〕；君子以振民育德。

——《周易·大象传〔2〕蛊卦》

注释

〔1〕蛊：gǔ，器皿中生虫。这里指蛊卦。

〔2〕《大象传》：《周易》中针对六十四卦每一卦的卦象所作的整体道德阐释。

译文

山下有风，是蛊卦的卦象；君子以提振民风来培育社会道德。

解析

《周易》的蛊卦，是面对已经腐败的局面从内部革故除弊、重获生机之卦。

"蛊"的本义是腹中寄生虫，远古时巫师将百种毒虫放入器皿，埋于地下，最后所剩最毒之虫曰"蛊"，可迷乱人心，毒人于无形，"蛊惑"一词就来源于此。因此，"蛊"，就有寄生、腐败、诱惑、迷乱、淫邪等含义。

蛊卦的卦象是：艮☶上巽☴下，其抽象义分别为"静止"和"柔顺"，上下偷安，弊病渐生：器久不用而虫生，人久宴溺而疾生，天下久安无为而弊生。"蛊卦"之前，"大有"卦讲的是众望所归、富足升平，"豫"卦则是升平日久，享乐思想风行。娱乐聚会、攀比消费、追星捧角、浮华奢靡之风毒化社会，人们如中"蛊"一样无所察觉，腐败的土壤已经形成。

既然"治"可为"乱"阶,"乱"亦可以致"治"。构成蛊卦卦象的"艮"☶和"巽"☴,在自然事物方面,分别代表"山"和"风"。看到积重的山下起风的意象,君子应激发起振疲起衰、激浊扬清的心气,通过"涉大川"般大开大合地革故,提振民风正气,培育社会道德,仍能救弊治乱、拨乱反正。

蛊：元亨。利涉大川；先甲三日，后甲三日。

初六〔1〕：干〔2〕父之蛊，有子，考〔3〕无咎，厉终吉。

九二：干母之蛊，不可贞〔4〕。

九三：干父之蛊，小有悔，无大咎。

六四：裕〔5〕父之蛊，往见吝。

六五：干父之蛊，用誉。

上九：不事王侯，高尚其事。

—— 《周易·蛊卦》

注释

〔1〕初六：易经六十四卦，每一卦从下往上由六爻（yáo）组成，"—"是阳爻，用九表示；"– –"是阴爻，用六表示。初六，就是指最下面的初爻是阴爻；九二，则是指从下往上数第二爻是阳爻。

〔2〕干：指干预，匡正，整饬。

〔3〕考：指长辈，老年人。

〔4〕贞：守正。

〔5〕裕：指宽容，姑息，宽缓。

译文

蛊：亨通，有利于涉越大河，但要经过"先甲三日、后甲三日"的长期过程。

初六：整治父辈留下的麻烦。有这样的儿子，父辈可以免除罪过了。虽有危险，但是最终将会吉祥。

九二：整治母辈所造成的弊病，不可过于固执刚正。

九三：匡正父辈弊端，会有一些懊悔，但是并无大的危害。

六四：姑息宽容父辈的弊病，将来必然会出现憾事。

六五：挽救父辈败坏的基业，一定会受到人们的赞誉。

上九：不谋求王侯事业，把这种行为看得很高尚。

▌解析▐

《周易》的蛊卦全方位地呈现了拯弊治乱的全过程，六爻的卦辞讲的是在改革社会风尚和国家时弊时，社会各群体所扮演的不同角色。

蛊卦开局，已面临积弊丛生的局面，此时，革故除弊是亨通之道，但小打小闹的局部调整是没用的，必须经过大刀阔斧的根本革新，才能振弊起衰。因此卦辞说"利涉大川"，这是《易经》中适合"大行动"的标准用语。卦辞同时提醒改革者，既要大开大合，又要胆大心细、周密布局。在做事以前，要考察现状、分析事态；在事后，要讲究治理措施，预计到后果，如此才能成功。

初爻是有使命感的子弟，革新时弊虽令父辈难堪，但终会使父辈欣慰；二爻是温和坚定的基层主管，面对积弊，见机推进；三爻耿直急躁，方法强硬；四爻身居高层，却安于现状，畏首畏尾；五爻是新上任的君王，高层领导核心，以阴爻居阳位，刚柔相济，力挽狂澜，重整朝纲，提振民风，挽救了父辈逐渐败坏的基业，使道德昌明、海晏河清，获得天下赞誉。上爻则是改革成功后，功成身退的高风亮节者。

可见，即使国家已出现严重腐败，只要高层有坚定反腐的领导核心，基层有与之相应的正气干将，全民动员，上下同心，仍能拨乱反正，走向复兴。

君子之事上也，进〔1〕思尽忠，退〔2〕思补过，将顺〔3〕其美，匡救其恶。

——《孝经〔4〕》

注释

〔1〕进：在朝为官。

〔2〕退：退职居家。

〔3〕将：奉行、秉承。

〔4〕《孝经》：中国古代儒家经典，主要阐述孝道和孝治思想，儒家十三经之一。

译文

君子辅佐君王，在朝为官就一心一意尽忠职守；退职闲居也要想着弥补国君与国家大事中的不当之处；要奉行顺从君王好的决定，而匡正制止君王重大错误。

解析

一个国家的最高领导人如同船长一般重要，因此协助他驾驶的船组成员，就必须要承担辅佐匡正的责任，这样才能保证整个船队不离初心，国家巨轮不偏航向。

因此高层官员就应该在其位谋其政，尽职尽责，保证所有好的政策都得到贯彻；退职闲居后，由于远离权利中心，反而能以局外人的身份，了解到更多基层的事情。发现政策执行中出现的副作用，要尽己所能查漏补缺，堵上漏洞，同时要善意地向君王进言，匡正其错误。

这里需要说明的是，理虽如此，所难者境。"进思尽忠"容易，"退补其过"为难；"将顺其美"容易，"匡救其恶"为难。为何？"进思尽忠"时在其位，有资源，所做是分内事，故容易；"退补其过"时，失其位，补过不但没有资源，而且容易让当位者起猜忌，故行之不易；"将顺其美"顺风顺水，故易，"匡救其恶"会触碰逆鳞，易引火烧身，故难。出于善意，低调行事，方可保身。但在国家危难时，则不能顾及个人得失。林则徐说："苟利国家生死以，岂因祸福避趋之。"知难而进，方显君子风范。

恒称其君之恶〔1〕者为忠臣。

——郭店楚简〔2〕《鲁穆公问子思》

注释

〔1〕恶：è，过错。

〔2〕郭店楚简：1993 年 10 月，在湖北省荆门市郭店村发掘出的竹简古籍，包括道家和儒家学派的著作，所记载的文献大多为首次发现，被鉴定为国家一级文物。《鲁穆公见子思》是其中一篇。

译文

经常指出君主过错的人是忠臣。

解析

这是郭店楚简中鲁穆公问子思"什么样的人可以称忠臣"时子思的回答，说明了谏臣于国的重要性。

古代君主是握有赏罚二柄、生杀大权之人，常言道"伴君如伴虎"，因此称功颂德总是比较安全，而直言君过就冒很大的风险。当时，鲁穆公听子思说"恒称其君之恶者为忠臣"后就很不高兴，成孙弋觐见时鲁穆公就把这件事说给他听。成孙弋闻听，马上说："这话说得太对了。因为'称君恶'不但可能丢掉爵禄，甚至可能丢掉性命，对自己的私利是没有什么好处的，之所以这么做，一定是出于为国为民的公心。"大臣，本就是为国家公器服务之人，用现在的话说就是公务员，因此，要匡正君王的过失，就是为国尽忠。

常言道"良药苦口利于病，忠言逆耳利于行"，孔子说"万乘之国有争臣四人，则封疆不削；千乘之国有争臣三人，则社稷不危"，可见，有直言君过的诤臣，就是国家防微杜渐的良药。

唯大人[1]为能格[2]君心之非。君仁莫不仁，君义莫不义，君正莫不正。一正君而后国定矣。

——《孟子·离娄章句上》

注释

〔1〕大人：有德在道之人，相对于"喻于利"的小人而言。

〔2〕格：纠正，匡正。

译文

只有德行高尚、智慧高明的大人才能纠正君王不正确的思想。君王仁，没有人不仁；君王义，没有人不义；君王正，没有人不正。只要把君王的思想言行端正，国家自然也就大定了。

解析

革故鼎新，要抓住关键问题、关键人。君王是一国之主，君王行仁义，一国行仁义，君王正，一国定；反之，如果君王的思想认识出现问题，一定会造成国家方向性的错误。

认识到这一点并不难，难的是找到一个能"格君心之非"的大人。何为大人？道德高尚、有远见卓识之人。但仅此不够，《庄子·人间世》曾指出："德厚信矼，未达人气；名闻不争，未达人心。"纵然道德纯厚，行为笃实，不争夺名声，也未必能了解君王的思想，打动其内心。如果强以仁义绳墨来上谏，会被看作是借批评君王的恶行来彰显自己的美德，那么桀杀关龙逄、纣害比干的前车之鉴就在眼前。子夏说："信而后谏，未信，则以为谤己也。"说的就是这个道理。因此，要革除君心之非，不但要德高识远，而且要有劝谏的智慧，还要能得到君王绝对的信任。这几点之上，还需要君王的从善如流。《战国策》中"邹忌讽齐王纳谏"之所以成功，就是因为符合了上述所有条件。

首先邹忌颇有见地。他认识到齐威王不治政事，症结在于缺乏奋发有为的志向，为激发其心气，必须加以针砭，但针法需绵里藏针，才能奏效。邹忌相貌出众，但不及城北徐公，但其妻妾门人都说他比徐公美，邹忌就用这件事委婉地向齐威王讽喻，说明握有权柄之人很难听到真话。由于劝谏采用了由己及人的共情方式，使齐威王欣然接受。此后以邹忌为相，广开言路，进行改革，谨修法律，督查奸吏，使齐国国力渐强。

常人安于故俗，学者溺于所闻。以此两者居官守法可也，非所与论于法之外也。智者作法，愚者制〔1〕焉；贤者更礼，不肖者〔2〕拘〔3〕焉。

——《史记〔4〕·商君列传》

注释

〔1〕制：墨守成规。

〔2〕不肖者：无能的人。

〔3〕拘：被拘制。

〔4〕《史记》：二十四史之一，是西汉史学家司马迁撰写的中国历史上第一部纪传体通史，记载了上至黄帝下至汉武帝太初四年间共三千多年的历史。纪传体编史方法为后来历代"正史"所传承。《史记》秉承春秋笔法，被誉为"史家之绝唱，无韵之《离骚》"。

译文

普通人只知道安于传统，而学者们往往受所学知识的局限。这两种人，让他们做官守法可以，但与他们商讨旧法之外开创新业的事，就不行了。聪明的人制定法规政策，愚笨的人只会循规蹈矩；贤德的人因时制宜，无能的人墨守成规。

解析

这是商鞅在变法之前，在朝堂上舌战群臣时讲的话，说明了在国家衰亡之际，什么样的人，才能担当革故鼎新、振弊起衰的重任。

秦孝公时，秦国国力羸弱，处于内忧外患之中。为改变现状，秦孝公颁布求贤令，四处寻访贤才，商鞅因此入秦。商鞅富国强兵的变法主张深深吸引了秦孝公，但却引起当朝大臣甘龙、杜挚等人的反对。于是，一场辩论在朝会上展开。双方针锋相对，各抒己见。

当时辩论的焦点在于"法古"与"循礼"是否为不变之铁律。甘龙等人提出"法古无过，循礼无邪"，认为只有始终沿袭旧法，官员才熟稔，百姓才安定。商鞅则认为，到秦孝公时，秦国已建国400余年，一些旧法与礼俗早已与时势相悖。一般官员和学者，以使用和研习旧法故俗为业，自然没有打破陈规的动力，而高层贵族大臣，是旧法故俗的既得利益者，与其商谈变革，无异于与虎谋皮。一场辩论，坚定了秦孝公的决心，他认识到，商鞅非秦国人，初来乍到，既无利益纠葛，亦无故旧包袱，正可以作为国君的利剑大刀阔斧进行变革，于是秦孝公全权授权商鞅。

商鞅没有辜负秦孝公的期望，从"徙木立信"始，废除世卿世禄制、奖励军功、重农抑商、严明律法、实行连坐、废井田、迁咸阳，大开大合，移风易俗。十八年时间，取得了变法的成功，使秦国国力迅速崛起。

国之政，说到底，还是围绕"人"展开的。手术般的"革故"必然伤筋动骨，待身体复原之后，手术刀必然被弃用。秦孝公去世后，商鞅最后落得被车裂的命运，令人唏嘘。因此对于改革者而言，"革故"的同时，如何保全自身，的确是千百年来的一道难题。

距〔1〕谏者塞，专己〔2〕者孤。

——《盐铁论〔3〕·刺议》

注释

〔1〕距：拒绝。

〔2〕专己：指刚愎自用。

〔3〕《盐铁论》：西汉后期政论文集。原为汉昭帝时盐铁会议的文献，后经桓宽整理而成此书，是研究西汉经济史、政治史的重要史料。

译文

拒绝忠言直谏的人就会闭塞，一意孤行的人就会孤立。

解析

《史记》说纣王的特点是"知，足以距谏，言，足以饰非；矜人臣以能，高天下以声，以为皆出己之下"。聪明得能辩倒一切来劝谏的人，善辩得能修饰一切的过失，认为全天下自己最高明，这就是国破身亡的内因。

国家的长治久安关键在于领导核心的永葆活力，永不变质。可任何事物在发展过程中，都会出现陈旧、落伍、变质的因素，意气风发的领导团队，会滋生怠惰、松散、放逸的苗头，因此要保持宝剑不锈，就必须要有磨砺机制，这个磨砺机制，就是最高领导人周围敢于直言的有识之士。

一般来说，由于最高领导团队拥有最多的资源，因此一定会有追逐利益之人想方设法逢迎讨好，久而久之，会使来自民间和基层的声音闭塞，此时敢于直谏的官员，就像针刺一般，可以疏通言路管道，使国家不至于经络堵塞，在机体淤堵坏死之前，可起死回生。

唐太宗李世民在直谏宰相魏徵去世后痛哭，说：以铜为镜，可以正衣冠；以古为镜，可以知兴替；以人为镜，可以明得失。我失去魏徵就是失去一面镜子啊。可见领导者从谏如流，就能随时防止国家淤塞和腐化；领导者刚愎自用，官员就会装聋作哑，领导层就会变聋变瞎，成为孤家寡人。

主闇〔1〕于上，臣诈于下，灭亡无日〔2〕。

——《荀子·君道》

注释

〔1〕闇：通"暗"，昏聩。

〔2〕无日：没有几天了，很快了。

译文

君主昏庸于上，臣子欺诈于下，国家离灭亡就要不了几天了。

解析

在积弊丛生的情况下，如果不能上下同心革故除弊，那么国家就会一天天走向衰亡。

既然国家已经腐败，为何不能下决心将其革除呢？因为"上面君主昏聩，下面大臣欺诈"，本应施行反腐的力量就是腐败本身，他们掌控着国家的最高权力，靠谁来除弊呢？自然是无计可施。那么一个国家何以会发展到这种地步，何以欺诈之臣能上到高位、占据庙堂？

根本原因就在于君主不能克制自己的好恶与欲望，失去公心。而君主之欲一旦被大臣中的小人窥破，必然想方设法加以迎合和满足。齐桓公妒外而好内，竖刁就通过自宫得以到内廷成为宠臣；桓公追逐美味和珍馐，易牙居然蒸了自己的儿子而谋求恩宠。像这种连自己的身体和儿子都不爱惜的人，怎么可能真正爱惜君王，不过是爱他手中的权力和资源罢了。而连这样的小人都识不破的君王，必定已经欲令智昏，管仲在时，尚可维持，管仲一去世，腐坏的国家就像柱梁顿失，转眼间呼啦啦大厦倾倒下来。

因此，国家最高领导层，一定要盯牢自己的私欲，否则就会给贪欲之臣以可乘之机。

上无礼，下无学〔1〕，贼民〔2〕兴，丧无日矣。

——《孟子·离娄章句上》

注释

〔1〕学：学习受教。

〔2〕贼民：违法叛乱之民。

译文

上面官员不讲礼法，下面百姓不受教向学，就会导致违法叛乱的贼人纷起，国家灭亡就快了。

解析

这是《孟子·离娄章句》中，对于国家行将灭亡前乱象的概括，如果"主闇于上，臣诈于下"的弊病不加革除，就会进一步恶化发展成这种国家整体腐坏的失控局面。

"礼"者，理也，是中国从个人家庭伦理到社会国家治理的道德行为规范，钱穆先生称其为"中国文化之心"，可见其对于国家的极端重要性。"礼"的本质是对他人的仁爱与尊敬，亦是对自我的规范与节制，因此我们常常说"礼节"。动物没有自我节制和自我规范，"礼"是人有别于禽兽而自律自觉的关键点。

一旦社会从顶层开始突破"礼"的约束，就相当于交警开始破坏交规，那么所有司机都会变得无所适从，横冲直撞者兴起，整个交通一定陷入混乱。国家的道德价值被破坏，上层小人占据高位，中层官员谄上欺下，基层百姓民不聊生，社会上违法作乱者纷起，国家政治病入膏肓。此时若再想革故鼎新，起死回生，就需要有大勇气、大机缘了。

与死人同病者，不可生也！与亡国同事〔1〕者，不可存也！

——《韩非子·孤愤》〔2〕

注释

〔1〕同事：同样的政情。

〔2〕《韩非子》：中国法家重要代表作，《孤愤》主要讲改革者的艰难境遇。

译文

跟死人得同样的病，不可能活下去；与灭亡的国家有同样的政情，国家不可能长存。

解析

这是韩非子对深陷积弊困境中的最高领导者的高声疾呼，必须革除旧制，否则国将不存。

作为法家的代表人物，韩非子对于危及国家的乱象有着敏锐的洞察，他曾历数君王误国的十种大过，权臣害国的八种奸邪，国家走向衰亡的四十八征兆，并表明其不计利害、革故除弊之决心。

有人认为法家主张严刑峻法，专注御下权术，目的是帮助统治者巩固权力，不像儒家仁慈有道德性。其实，我们需要问另外一个问题。那就是当国家的权力被权臣控制，被腐败的官员控制，被勾结外敌的内奸控制，国家千疮百孔之时，老百姓的衣食安危将何以为靠？中国各家学派其实都是要保证国家这艘大船的稳定航行。儒家用教育培养优秀的服务船队，法家则要惩治变质的蛀虫，改革生蛙的环境，来堵上航船的漏洞。这需要极大的勇气和决心，因此韩非子在此处告诫最高领导者，不要心存侥幸，如果一个人患了与死去的人同样的绝症，不能坐以待毙；一个国家如果出现了和以前亡国一样的政情，不痛下决心革故鼎新，就无法图存。

革故鼎新　与时俱进

庆父〔1〕不死，鲁难未已。

——《左传〔2〕·闵公元年》

注释

〔1〕庆父：春秋时期鲁国上卿，鲁桓公之子，鲁庄公异母弟。鲁庄公去世后，庆父先后派人杀害国君公子般和鲁闵公，制造政治内乱。后人常把制造内乱的人比作"庆父"。

〔2〕《左传》：原名为《左氏春秋》，相传是春秋末期的史官左丘明所著，它起自鲁隐公元年（公元前 722 年），迄于鲁哀公二十七年（公元前 468 年），是一部以《春秋》为本的记史文学作品，通过记述春秋时期的具体史实来说明《春秋》的纲目。

译文

制造内乱的庆父不除掉，鲁国的灾难就不会停止。

解析

庆父是春秋时期鲁国公子，先后杀死鲁国两位国君，其间，齐桓公曾派齐国大夫仲孙湫（qiū）出访鲁国，回到齐国后，谈到鲁国的情况，仲孙湫说"如果不除去庆父，鲁国的灾难是不会终止的"。后来，"庆父"就成为造成国家乱象的罪魁祸首的代名词，不除去，国家的积弊内乱就无法解决。

一朝天子一朝臣，国家之所以走到积弊丛生的地步，一定有高层位高权重的既得利益者。这些人互相勾连，盘根错节，不断出台对其有利的政策，使家的贫富两极分化日益严重，一旦有人想要变革，这些人立刻组织分工，形成从下到上的阻力，问题一旦反馈到朝廷，那位上层的总代表就会利用其朝堂的影响力，蒙蔽君王，中伤新政，令改革者寸步难行。可以说，这个高层权臣已成为既得利益者的代言人、旧势力的总头目。不革而除之，国家就无法展开新局面。

　　这就可以解释，为何古代新君继位，前朝权臣常会倾覆。像康熙帝亲政后，首先剪除鳌拜；乾隆帝驾崩十五天，嘉庆帝就赐死和珅。可见，革故越在积重难返之际进行，就越伴随着血雨腥风。这也给高层官员敲响警钟，为官要为民，千万不要陷入多积厚亡的命运。

树德务滋〔1〕，除恶务本〔2〕。

——《尚书·周书·泰誓》〔3〕

▌注释▌

〔1〕滋：生长。

〔2〕本：根本。

〔3〕《尚书》：是儒家五经之一，又称《书》。"尚"即"上"，"尚书"就是上古的书，它是我国最早的一部历史文献汇编，记载了虞、夏、商、周的一些重要事实，保存了大量上古资料。《泰誓》一篇后考证为伪尚书，但由于流传很广亦影响很大。

▌译文▌

建立美德务求滋长，去掉邪恶务求除根。

▌解析▌

《泰誓》据说是武王伐纣之前所作的动员，其中说明了革命的初衷和逻辑。中国从周代开始，建立了天命与人道的同一性关联。"天视自我民视，天听自我民听"，如果一个君王不照顾百姓，不遵从基本的人道伦常，嗜酒贪色，奢侈淫荡、烧杀忠良、残害百姓，就已成为国家为恶的根本，失去了成为民之父母的资格，自然也不可能再做百姓的主心骨，因而也就会因辜负上天的使命而失去大位。

《泰誓》中总结纣王的恶本有三：狎侮五常、毁坏三正，断弃先祖之乐，乃为淫声，用变乱正声。五常是基本人伦道德，狎侮五常是毁"礼"，用靡靡之音败坏雅乐，是乱乐。这样整个社会三观必然失正。

树德务滋，除恶务本。这里将"德"与"恶"相对而言，说明二者此消彼长的道理。《泰誓》中说："我闻吉人为善，惟日不足。凶人为不善，亦惟日不足。"这里将"吉"与"善"、"凶"与"恶"分别对照而言，说明每日行善为恶不同，就自然走上吉凶两条迥异的道路。因此，中国的革命不是简单的政权更迭，而是以有德之人替换掉无德之人的正义之举。当一个政权腐朽到极处，革命就是一种最合理的行动，是政权合法性来源之一。

革故鼎新　与时俱进

庖有肥肉，厩有肥马，民有饥色，野有饿莩〔1〕，此率兽而食人也。兽相食，且人恶〔2〕之。为民父母，行政不免于率兽而食人。恶在〔3〕其为民父母也？

——《孟子·公孙丑上》

注释

〔1〕饿莩：piǎo，饿死的人。

〔2〕恶：wù，厌恶。

〔3〕恶在：wū，怎么。

译文

厨房里有肥美的肉食，马厩里有膘肥的马匹，（可是）百姓却面有饥色，城外甚至还有饿死的尸骨，这应该叫做率领野兽来吃人。野兽互相吞食，人们都厌恶。作为老百姓的父母官，管理国家和地方的人，却仍然免不了干类似于带领野兽去吃人这样的事情，他又怎么能做老百姓的父母官呢？

解析

任何一个社会一旦发生严重的贫富分化而无力扭转，这个社会就到了巨变的前夜。

严重的贫富分化是怎么产生的呢？无外乎几种情况。其一，君王贪图享乐，极尽奢靡，官员上行下效，鱼肉百姓。其二，政策或制度出现偏颇，社会分配不公，出现利益垄断阶层。其三，升平日久，阶层固化，贫富加剧。无论哪一种情况，只要土地、房产、财富等高度集中，就意味着国家"一多不分"的共生系统已经发生异化，畸变为"一多二元"的害生系统。"朱门酒肉臭，路有冻死骨""四海无闲田，农夫犹饿死"、有人广厦千万间，有人屋上无片瓦、有人斗鸡走马，有人食不果腹。

这时，社会利益阶层看似荣华富贵，实际已在火山口上。解放前夕，以蒋、宋、孔、陈四大家族为代表的资本，占全国工矿、交通运输固定资产的80%，不仅控制着重工业，而且控制着轻工业、金融业、公路、铁路等产业，贫富极端分化，民不聊生，人心尽失。因此最后虽挟数百万军队，有美国支持，仍然难逃被革除的命运。只要国家发生严重的两极分化，那么或推翻君王，或改朝换代，或制度重建，总之暴风骤雨的变革必然来临。

时〔1〕日〔2〕曷〔3〕丧，予及汝偕亡！

——《尚书·商书·汤誓》〔4〕

注释

〔1〕时：代词，"是"，这个。

〔2〕日：太阳，此处喻夏桀。

〔3〕曷：hé，何，什么时候。

〔4〕《尚书》：是儒家五经之一，"尚"即"上"，"尚书"就是上古的书，它是我国最早的一部历史文献汇编，也是历代治理国家的"政治课本"和理论依据。

译文

这个太阳什么时候灭亡呢？我们宁可和你同归于尽！

解析

这是距今 3600 多年前，夏朝百姓对最后一个国王夏桀的诅咒。夏桀在位时，骄奢淫逸，民不聊生，大臣关龙逢（páng）劝谏他"君无道必亡"，他却说："太阳会亡吗？日亡而我亡！"百姓对其痛恨之极，私下诅咒他，愿和他同归于尽。公元前 1600 年，商汤伐夏的大军集结完毕，在誓师动员大会上，商汤用这句简短有力的话语，激发起商军极大的义愤，鸣条之战，一举灭夏。此后，这句话仿佛成了一道令所有暴君胆寒的神咒，只要在百姓心中响起，就具有超过千军万马的颠覆力。

安乐哲先生认为，中国的政治模式是中心围绕的"心—场结构"，"心"是领导，"场"是人民，二者是休戚与共、不可分割的关系。如果心脏随心所欲，严重危害身体，就会有被手术革除替换的危险，这就是中国文化中"汤武革命"的合理逻辑。

中国共产党成立于民族存亡之际，以救国为民的公心成为中国革命的领导核心，作为革命胜利后治国理政的党，要作民之心，为民服务，与民相连，牢记初心，方可保长治久安。

天地革〔1〕而四时成，汤武革命，顺乎天而应乎人。

——《周易·象传革卦〔2〕》

注释

〔1〕革：改。

〔2〕革卦：《周易》第49卦，卦象为☲☱，是国家全面改革之卦。

译文

　　天地由于变革而形成四季，商汤和周武王，是两个朝代的开国君主，他们发动革命，建立新朝，上顺天时，下合民意，是势所必然的行动。

解析

　　《周易》的核心思想是变易，变易有主动变化与被动变化两种动因，有量变、质变两种形态。天地之变是主动变化，由量变渐至质变节点，过渡到另一个季节，在儒者看来，这正配合了人类春种、夏长、秋收、冬藏的生产周期，如此循环往复，正符合生生不息之道。因此，周易曰：生生之谓易。又曰：天地之大德曰生。因此，天地的变易，是为利生，只要是利生之变，就符合天道。

　　在中国"一多不分"的文化视角中，世界就是"家国天下"社会生态系统，国王作为领导者，必须具有如天地一样"利生"的德行，敬大臣，爱百姓。如果反其道而行，杀忠臣，害百姓，那么被革除，就是天经地义的事情。用孟子的话说，就是"闻诛一夫纣矣，未闻弑君也"。什么是"一夫"，就是完全脱离了人民，丧失仁义底线，异变成了国家的癌细胞，这时有仁义之师来吊民伐罪，切除癌细胞，恢复国家生态系统的生机，既顺应天的"利生"之德，又顺应人的仁义之性，合情合理合道。这就是中国"汤武革命"的政治逻辑。

第三篇

鼎新

新，是生机，是成长，是演进。『新』不是一个简单的时间概念，只有『利生』『利众』『利通』者，才属于的真正的『新生力量』，需要积极培植。『鼎新』需要勇气和毅力。种子发芽，要经得起春寒料峭；高山雪水，要久久为功才成大江。对于个人，『鼎新』就是要苟日新，日日新，又日新。对于国家，『鼎新』包括初创、重启、革新等各种形态，每种形态有不同的进展逻辑，但有一点是相同的，即最高领导者的德行与决心至关重要。

迟任[1]有言曰：人惟求旧，器非求旧，惟新。

——《尚书·盘庚上》[2]

注释

〔1〕迟任：殷商的贤人。

〔2〕盘庚：商代的第二十位君王，将首都从奄迁到殷（河南安阳）。

译文

迟任曾说过：用人要寻求有经验的旧人，器物则不要旧的，而只要新的。

解析

鼎新的必然性何在？鼎新与守旧有怎样的联系？

盘庚是商代君王成汤的第十世孙，为了抑制官员奢侈的恶习，他决定把国都从奄（今山东曲阜）迁往殷（今河南安阳小屯），遭到臣民的激烈反对，他先后三次做动员演说，上面这句话就是他在第一次演说中所引，表明了盘庚不惧故旧阻力，立意新迁的决心。

这句话中还蕴含着一个深刻的道理，即"旧"与"新"之间、"不变"与"变化"之间的对立统一的辩证关系。古往今来，天下有"仁义礼智信"这些根植于人心的常道，因此，以往的经验总有值得参考之处，这是任用人才时，总是非常重视有丰富经验的旧人的原因；同时，由于时代不同，承道之器制，应该及时调整以适应时代情势的改变，这是器制惟新的原因。二者相反相成，不能割裂。这一点我们在第一章"故与新"中已反复论及，但考虑到我们处在一个强调创新的时代，因此我们仍然将此作为"鼎新"一章的开篇，来厘清究竟"革"的是什么"故"，"鼎"的是什么"新"，以及在鼎新的同时不可忽视对于传统的继承。

《易》〔1〕，穷〔2〕则变，变则通，通则久。

——《周易·系辞传下》〔3〕

注释

〔1〕《易》：指《易经》。

〔2〕穷：困顿无路。

〔3〕《周易·系辞传》：《周易》是儒家五经之一，包括"经"和"传"，"易经"是六十四卦和卦爻辞，"易传"包括大象传、小象传、彖传、文言、系辞、说卦传、序卦传、杂卦传等七类内容，分为十个部分，称为"十翼"，其中《系辞传》分为上下两部分，对易经整体思想进行儒家道德价值意识建构性理论阐发。

译文

困顿至极则发生变革，变革则通达，通达则能恒久。

解析

于山穷水尽之时，如何走出困境？《周易》这句亘古名言，提供了新旧互系、通变转化思维的妙法。

《周易》的"易"，至少包含三层含义，即变易、简易、不易。其意为"变易是宇宙常道，大道至简至易，千古不易"。这样一种文化特质，沉淀在中国文化之中，成为中国人看问题的一种本能性反应。

当个人或国家面临重大危机之时，中国人的变革、维新、通变机制立刻就会启动，因此会在山穷水尽之处，开辟柳暗花明的新

革故鼎新　与时俱进

115

境，于枯枝病树之间，萌动万象更新的春景。此处的"新"既是新生，又是一种高层次的复元，是将闭塞的、分化的、陈腐的失效机制打破，恢复其通达的、融合的生机。

"穷则思变，变则通达，通则长久"这就是一个简易、不易的变易之道，有这样一个"道"在心中，中华民族面对困境，总有一种革故鼎新的勇毅与转危为机的灵动。每一个中国人都应该传承这种优秀的文化基因，只要我们打开《易经》细细研读，先人的智慧就会与我们今天的生活接通，这是一种人生至乐。难怪古人有"闲坐小窗读周易，不知春去几多时"[①] 之咏叹。

---

① 出自宋代叶采诗歌《暮春即事》。

从前种种，譬如昨日死；从后种种，譬如今日生。

——《了凡〔1〕四训·立命之学》〔2〕

注释

〔1〕袁了凡（1533—1606 年）：本名袁黄，明朝地方官员，其著作《了凡四训》强调自我修养改变命运，在社会上流行一时。

〔2〕《了凡四训》：明代袁了凡所作的一本修德立命、修身治世书籍，以亲身经历讲述了改变命运的过程。

译文

以前所犯的种种过失，好比随昨天的我已经死去；

今后种种的努力，好比我今天刚刚新生从头开始。

解析

这是明代官员袁了凡教给儿子的立命之法，表现出一个人弃旧图新的勇猛决心。

在人生的旅途中，人有时会偏离正道，有时是无意识地受欲望左右而不知其害，有时是明知有害却难以抵制诱惑所致，无论是哪一种，久而久之都会形成惰性和惯性，一旦惊醒面对，会陷入悔恨交加之中，非常痛苦，很多人这时候，就会选择逃避和得过且过。

"从前种种，譬如昨日死；从后种种，譬如今日生"，这一格言将人生分解成无数个时刻，于是就有了无数个"新生"的机会。一盏灯长明，足以驱散千年的黑暗；一滴水不断，足以滴穿坚硬的磐

革故鼎新　与时俱进

石。关键是要有一种"断然"的决心，有一种从此刻开始的行动力。这样就会有枯木逢春、柳暗花明的转机。沉陷在积弊之中时，纠缠于故习之中处，用这一句话来提振自己开启新生之信心吧！

见善，修然〔1〕必以自存也；见不善，愀然〔2〕必以自省也；善在身，介然〔3〕必以自好也；不善在身，菑然〔4〕必以自恶也。

——《荀子·修身》

注释

〔1〕修然：整饬貌。

〔2〕愀然：qiǎo，忧惧貌。

〔3〕介然：坚固貌。

〔4〕菑然：被弄污浊的样子。菑 zī，通"缁"，黑色。

译文

见善，要很整饬地检查自己是否也有这种善；见不善，要很忧惧地自省自己是否也有这种恶；善在自己身上，就要坚守为自己的喜好；不善在身，就要像被玷污一样自己厌弃它。

解析

对一个人来说，"革故"就是去掉自己的旧习，"鼎新"就是培养优良的品格。从这个意义上讲，"革故鼎新"就在日常为人处世当中。见贤思齐，见不贤内省。自己身上的善，不要忘失，要一点点培养成乐在其中的习惯和喜好；发现自己的不善，要像雪白的衣衫上沾染了黑色的污点，定涤除而后快。这就是在做"革故鼎新"的工夫。

如果一个组织，一个社会，一个国家，每个人，尤其是高层官员，都能如此用心，如此修身，那么这个组织，这个社会，这个国家，就一定会欣欣向荣。

君者，盘也。水者，民也。盘方则水方，盘圆则水圆。君者，源也；水者，流〔1〕也。源清则流清，源浊则流浊。

——《太平御览〔2〕·治道部》

注释

〔1〕流：水行，河流。

〔2〕《太平御览》：是宋代著名的类书，由李昉、李穆、徐铉等学者编纂。全书以群书类集而成，分成五十五部编为千卷，因宋太宗每天看三卷，一年读完，故名为《太平御览》。书中共引用古书一千多种，保存了大量宋代以前的文献资料。

译文

国君好像盘子，百姓好像水。水在方盘子中就是方形，在圆盘子里就是圆形。国君好像水源，百姓好像河流。源头清澈，河流就清澈，源头浑浊，河流就浑浊。

解析

一个国家的兴衰，固然有多种因素，但最高领导层，尤其是最高领导人的道德修为像水之源头、器之方圆，对全社会的风尚有极大的引领作用。因此鼎新防腐必须从育人开始。

中国的高明之处，在于深谙国家的治理必须靠人，再好的制度，若无德才兼备之人来维护，也无济于事。德才兼备的领导人需要长期培养，靠短期演讲选举，容易让巧言令色之人上位。而一旦这样的人上位，就足以播恶行于整个国家。因此在国家这艘大船上，培养船长历来是中国的头等大事。

儒家经典是中国古代教育的重要内容，但这个教育首先是面向即将成为最高领导阶层者的教育。中国历代对皇子教育都极其用心，皇子从小就令四方名儒训导，选才俊之士为伴读。清代皇子读书为"卯入申出"，从早晨5点到下午3点，一天在上书房学习长达10小时，全年只休5日。因此清代史学家赵翼曾说："本朝家法之严，即皇子读书一事，已迥绝千古。"学习内容除治国方略外，主要就是《四书》《五经》和史书，通过多年的学习和磨砺，在其成为国家最高领导人之前，已将治国平天下作为自己的责任，将修身自律内化成一种习惯。即便如此，即位后，身边也还是要有直谏大臣来及时提点，保证不忘初心。

这对我们今天颇具启迪意义，中国未来的船长就在今日的校园之中，学校教育关乎未来国运，宁严格勿放逸。

一家仁，一国兴仁；一家让，一国兴让；一人贪戾〔1〕，一国作乱，其机如此。此谓一言偾〔2〕事，一人定国。

——《大学》〔3〕

注释

〔1〕贪戾：lì，贪婪违逆。

〔2〕偾：fèn，覆败。

〔3〕《大学》：《礼记》中的一篇，曾子所作，讲"修齐治平"的大人之学，宋代朱熹将其编入《四书》，成为历代青年学子必读的儒家经典。

译文

国君的家族里实行仁爱，一个国家也会兴起仁爱；国君的家族里实行谦让，一个国家会兴起谦让；国君一个人贪婪违逆，一个国家就会犯上作乱。国家兴亡的机关就在这里。这就是一句话不慎就可以使事情覆败，一位君王修德就能让一国安定。

解析

鼎新由何人引领最为有利？《大学》给出了答案。

一个国家的鼎新必须从最高领导层的自我革新做起，这是整个航船拨乱反正的关键，只有舵手彻底调整好方向，国家才能真正开启新的航程。因此，无论是革故，还是鼎新，都要抓关键人，找开关处。

在中国，最高领导人就是国家兴衰的关键人。一个国家要创建文武之政绩，领导人就必须有文武之德能。最高领导人能够修其身、齐其家、立其德、益其能，就必然能够慎独自律、知人善用，如此政风清明的领导层就会形成，社会中的俗气、戾气才有可能从源头上得到遏制。

正因为如此，从古到今，中国都将最高领导人的培养选拔作为国家的头等大事，慎之又慎。尧用 20 年培养考察舜，舜在成为天子前，尽孝、齐家、管理百官、主持外交、主管山林，一步一个脚印成长为优秀领导人。当今中国，最高领导层同样要从基层做起，经过推荐、选拔、培养、历练、学习、考核、选举、评议，才能千锤百炼成为国家的领航人。中国是承载着十四亿国民的巨轮，中国选贤举能的选举较之西方选秀式的竞选要靠谱得多。

上有好者，下必有甚焉者矣。君子之德，风也。小人之德，草也。草尚〔1〕之风，必偃〔2〕。

——《孟子·滕文公章句上》

注释

〔1〕尚：通"上"，加。

〔2〕偃：yǎn，伏，倒。

译文

居上位的人有什么爱好，下面的人一定爱好得更甚。君子的德好像风，一般人的德好像草，风吹向哪边，草就倒向哪边。

解析

新政如何快速推行？这是孟子给即将继位的滕文公的忠告，说明改政移风，由国君先行示范是最高效的方式。

上位者的爱好，往往成为下位者的仿效。不但上行下效，而且变本加厉。因此国家高层要时刻谨言慎行，警惕自己言行喜好所产生的蝴蝶效应。"齐王好紫衣，国中无异色，楚王好细腰，宫中多饿死"，你可能只是生日时收到女儿买的一块名表，但可能全国官员的奢华风尚会以此层层放大。因此，作为领导人，越在高位，越不能有个人的物质嗜好，这是在高位为大众服务者必有的品格。只有"我将无我"方可"不负人民"。

与此同时，智慧的领导人也可以充分利用这种"德风"优势来倡导新风。将西装换成夹克，小小的一个衣着改变，会带动起干部到田间地头、工厂车间了解民情的作风；听汇报时，笔记本不离手，随听随记，会带动所有干部贯彻上级指示、倾听民众呼声；引经据典，出口成章，手不释卷，会带动全民学经典，书香满华夏的新风。因此，领导者先自行之是鼎新最好的推动力。

大人虎变，未占〔1〕有孚〔2〕。
君子豹变，小人革面。

——《周易·革卦》

注释

〔1〕占：占问。
〔2〕孚：信。

译文

　　最高位的大人改变政风，其势像猛虎一样震慑人心，未曾占问神祇就能令众信服；国内所有的君子，都变得像有纹彩的豹子一样精神大振，而小人则不得不改头换面，来顺应国家新的风尚。

解析

　　《周易》第四十九卦革卦，是国家全面改革之卦，革卦的卦象为䷰，代表了革故鼎新的整个过程。改革之前，国家已被积弊像黄牛之革一般牢牢束缚；这时基层渐渐积蓄改革的力量，在行动之前，必须进行三番五次动员，取信于民；一旦取得大多数民众信任，改革的时机就成熟了。

　　"大人虎变，未占有孚"是革卦第五爻"九五"的爻辞，九五代表一位坚定刚健的最高领导者，他审时度势在公众面前宣布改革立场，一场威如猛虎、声势浩大的改革在全国开启，由于之前已经充分调动了民意，因此改革带来了崭新局面。"君子豹变，小人革面。"是革卦第六爻的爻辞，说明了鼎新后的气象：所有怀有报国之志的君子都如文豹一般精神焕发，积极有为地努力革新，而各种懒散闲人、贪婪小人不得不在轰轰烈烈的改革大潮中，洗心革面重新做人。

中国 1979 年的改革正演绎了革卦的历程。改革之前，中国思想界先经历了一年多的"真理标准大讨论"，使全党全国逐渐形成了经济改革的共识，十一届三中全会公报就是"大人虎变"的改革信号，之后，全国人民学习创造的热情被充分激发出来，出现了"君子豹变、小人革面"的气象。用四十年的时间，实现了国内生产总值 240 多倍的增长，使中国成为世界举足轻重的经济体，创造了中国奇迹，是革故鼎新成功的范例。

木上有火，鼎〔1〕。君子以正位〔2〕凝命〔3〕。

——《周易·大象传·鼎卦》

注释

〔1〕鼎：古代烹煮食物的器具。这里指鼎卦。

〔2〕正位：指主位，同时也指在调正主位。

〔3〕凝命：凝聚天命，完成使命。

译文

木上有火，鼎卦。获得大位的君子只有守正，才能凝聚天命，完成使命。

解析

经济富裕之后，逸乐奢侈之风易生。若不及时遏制，政权会腐败变质。怎样的领导者才能凝聚人心、凝聚能量、完成这一使命？《周易》鼎卦给我们很多启发。

鼎卦是《周易》第五十卦，成语"革故鼎新"中的"鼎"就指此卦。其上卦为离，代表火；下卦为巽，代表木。整个卦象就是"木上有火"，而且"鼎卦"的形状很像烹煮食物的鼎，所以全卦就以"鼎"命名。

"鼎"不但是烹煮食物的器皿，还是宗庙里祭祀用的一种礼器，大禹铸九鼎代表九州，"鼎"成为国家重器，象征王位和政权。朱骏声在《六十四卦经解》里说"鼎重镇，喻位；鼎有实，喻命"。人们常说"德要配位"，鼎是重器，但其中空，里面要盛食品才能名副其实。王者位于天子主位，必须行端履正，才能修德配天，用至德凝至道，以正位凝正命。

经过经济高速发展，国家要防治腐化，最高领导层能否倡导并践行正确的价值观非常关键。 2013 年 3 月，习近平主席访问非洲时，明确提出正确义利观，这是中国几千年来"以义为贵"传统价值观在当代之体现，在经济大潮中为全社会确立了崭新的价值坐标，使党风、民风为之一振，出现了"君子豹变、小人革面"的可喜变化。共产党人要挺起精神脊梁，必须随时矫正世界观、人生观、价值观这个"总开关"，而正确的"义利观"就是这个矫正器。"打铁还需自身硬"，只有领导者本人崇德兴仁，才能凝聚"士"气，若能勤政爱民，必能凝聚人心。如此就可一言九鼎，鼎创新政。

革故鼎新　与时俱进

鼎颠〔1〕趾〔2〕，利出否〔3〕。

——《周易·鼎卦》

注释

〔1〕颠：倒。

〔2〕趾：这里指鼎的腿儿。

〔3〕否：pǐ，不善的旧物。

译文

鼎的脚颠倒在上，利于倒出鼎中的坏物。

解析

"鼎新"前的准备是什么？上面这句出自《周易》鼎卦初爻的爻辞告诉我们："鼎新"的前奏是"革故"。

鼎卦的卦象为☲☴，形状很像"鼎"，下卦为巽 xùn ☴，代表木；上卦为离☲，代表火，所以全卦就以"木上有火，火上置鼎烹煮食物"的过程来说明新生力量的成长过程。

"鼎"卦第一爻为初六，处在鼎新的初始阶段，"鼎颠趾，利出否"是说"用鼎烹煮新食之前，要先把鼎脚倾斜，倒出里面腐坏的旧食，这才是有利的开端"。以此说明，"鼎新"必须以"革故"为前提，没有"破"，就无从"立"。20 世纪初，中国面临列强瓜分的空前危机，社会变革不可避免，此时无论是清政府还是后来的军阀政府，都以儒家作为挡箭牌来反对变革，因此，在"五四"新文化运动中，儒家思想就成为被猛烈批判的对象。

需要说明的是，在鼎新的初始阶段，对于旧观念的批判和抛弃往往十分激烈，因此难免会有矫枉过正的情况，这是事物发展过程中必然出现的现象，因为不如此，"新"无从立。对于这种情况，应该在新事物立定脚跟之后，逐渐加以弥补矫正。电视剧《觉醒年代》借陈独秀之口说明了这个道理："革新派和保守派是相对的。今日的保守派，从前可能也是革新派；今日的革新派，将来也许会变成保守派。到了一定时候，生活条件变了，人们对新旧之争的认识也会发生变化，甚至会逆转。"此一时也，彼一时也，新旧必须结合特定的历史节点而断，不能胶柱鼓瑟、刻舟求剑。

天变不足畏，祖宗不足法〔1〕，人言不足恤〔2〕。

——《宋史·王安石〔3〕列传》

注释

〔1〕法：效法。

〔2〕恤：担忧。

〔3〕王安石：（1021—1086 年）：字介甫，中国北宋时期政治家、文学家、思想家、改革家，唐宋八大家之一。

译文

天象的变化不必畏惧，祖宗的规矩不一定效法，人们的议论也不需要担心。

解析

鼎新的过程将会面临怎样的阻力，应有怎样的勇气？王安石的这句话表明，面对天象变化、朋友规劝、政敌非难、民间反弹，变法鼎新的倡导者应有坚如磐石的决心。

早在宋仁宗在位时，王安石就曾提出变法主张，希望对宋以来的法度进行全盘改革，革除积弊，扭转积贫积弱的局面，但未被采纳。神宗时王安石得到重用，为富国强兵，王安石开始从财政、军事、教育等各方面在全国全面推行新法。但如此大规模的改革，立刻就遭到朝野各方的激烈反对。先是当朝大臣，进而各级官员，下到不理解新法的百姓为逃避保甲，自断手腕，恰逢天下大旱，两位太后向神宗哭诉施压，王安石的新法遇到了一切变法者都会遭遇的困境。此时，新法能否推行，全看君王的决心。

王安石深知这一点，因此他劝说神宗，要变法，就要承受这些意料中的阻力。天象本是自然现象，祖宗的政策有其特定的环境，而官员与百姓的理解需假以时日，如果这些关卡通不过，鼎新就是一句空话。不幸的是，王安石得到的支持不及商鞅，因此神宗去世后，新法就无以为继，但王安石的个人结局要比商鞅幸运，在世时保全了个人的声名。

屯〔1〕，刚柔始交而难生，动乎险中，大亨贞。雷雨之动满
盈，天造草昧〔2〕，宜建侯而不宁。

——《周易·屯卦·彖辞》

注释

〔1〕屯：zhūn，指周易的第三卦屯卦。

〔2〕草昧：草创蒙昧状态。

译文

屯卦，阳刚阴柔开始交接而产生困难，变动在危险当中，占问大通顺。雷雨的动感充满天下，万物草创于混沌冥昧之中，宜于建国封侯而不安宁。

解析

鼎新的初创阶段，将会面临怎样的局面？《周易》的第三卦"屯卦"提供了这样的情境。"屯卦"紧跟在纯阳"乾卦"和纯阴"坤卦"之后，代表着阴阳始交之后新生事物的诞生。"屯"是会意字，描绘的是小草在春天弯弯曲曲破土而出的样子，《说文解字》将"屯"释意为"难"，寓意着所有新生事物的成长都是艰难的。

"屯卦"的上卦是坎☵，代表水、云、危险；下卦是震☳，代表雷、动、刚健，整个卦就是在艰难险阻中刚健成长的意象。"鼎新"像天地混沌初开，新天新地又百废待举，千难万险又充满希望。因此鼎新的过程，要有攻坚克难的充分心理准备，要有星火燎原的乐观主义精神，不要有振臂一呼就大功告成的奢望，要坚定而谨

慎，果敢而稳健，稳扎稳打，步步为营，等待新生力量逐渐强大。中国共产党的建党过程，就是在风雨如晦中开天辟地的成功范例，正确的理念、正确的心态、正确的行动。二十八年，就推翻了一个旧世界，建立了崭新的共和国；今天，我们回顾百年建党之路，其中有太多智慧和力量值得我们学习和汲取。

革故鼎新　与时俱进

言行，君子之枢机〔1〕。枢机之发，荣辱之主也。言行，君子之所以动天地也，可不慎乎？

子曰：乱之所生也，则言语以为阶〔2〕，君不密则失臣，臣不密则失身，几事不密则害成。是以君子慎密不出也。

——《周易·系辞传上》

注释

〔1〕枢机：发射弩箭的机关。

〔2〕阶：台阶。

译文

言语和行动，对君子来说，就像发射弩箭的机关，机关的发动，就是主导荣辱的关键。言语和行动，是君子用来转动天地万物的，怎能不慎重呢？

孔子说："'乱'之所以发生，往往是由言语引发的。君王说话不慎密则失信于臣，为臣说话不慎密则灾殃及身，重要的事情不慎密则会难以成功。所以，君子处事说话谨守慎密，不随便说话。"

解析

最能体现中国"通变型"思维的经典就是《易经》，杜保瑞先生认为《易经》每一卦的六爻，代表着事情从始到终的六个发展阶段，或是从基层到高层六个不同位阶的社会角色。这样，三百八十四爻基本就笼罩了社会生活的大部分情境，成为古人行事的指南，不可稍离。

中国人研究"变"，是从"未变"开始，即特别能够捕捉"端倪"和"苗头"，所谓"知几"。因此，"鼎新"要从极细微的端倪处入手。"几者，动之微，吉凶之先见者也。"《系辞传》把看似玄奥微妙的"几"落实到日常生活中，指出日常"言行"就是事物展开之枢机。《系辞传上》用了多条爻辞来强调言语"出乎身，加乎民"的重要影响力。反复说明，一言既出，如同发射出一个箭头，会指向一个吉凶荣辱的方向。可见在鼎新初始阶段，"谨言"与"慎行"同等重要，"大人语迟"，"吉人之辞寡，躁人之辞多"，如果身居高位，言语随便，就一定轻诺寡信，朝令夕改，失信于民，如此自然难以一言九鼎，便万事难成。

子路曰："卫君待子而为政，子将奚〔1〕先?"子曰："必也正名乎! 名不正，则言不顺;言不顺，则事不成;事不成，则礼乐不兴;礼乐不兴，则刑罚不中;刑罚不中，则民无所措手足。故君子名之必可言也，言之必可行也。君子于其言，无所苟〔2〕而已矣。"

——《论语·子路》

注释

〔1〕奚:哪一个。

〔2〕苟:随意凑合。

译文

子路对孔子说："卫国国君等着您去帮他治理国家，您打算先从哪些事做起呢?"孔子说："首先必须正名分。名分不正，谈论事情就不能顺当合理，谈论事情不能顺当合理，事情就办不成。事情办不成，礼乐也就不能起大作用。礼乐不能起大作用，刑罚的执行就不会得当。刑罚不得当，百姓就不知所措。所以，君子定名分，就必定能把事情的是非说清楚，说清楚就一定能够行得通。君子对于自己讲话，一定不会含混凑合。"

解析

鼎新要从何处着手? 来看孔子的洞见。

子路向孔子提问时，卫国的政治正如一团乱麻。卫灵公时，太子蒯聩（Kuǎi kuì）因刺杀生母南子不成，被逐出国，卫灵公去世后，南子立蒯聩的儿子辄做了卫君，但逃亡在外的蒯聩又在外国军队的支持下，要回国执掌政权，于是就形成父子争位的局面。子路问孔子：卫君辄让您来治理国政，您先做什么？孔子回答要先"正名"。子路很诧异，孔子向他解释了其中的道理。

国家乱象横生因素很多，但社会成员角色定位不明、关系错位、诉求相悖、是非不清，是基本症状。好比舞台上的演员，搞混了角色，台词就会错乱，演出就无法进行。因此，要解决问题，必须正本清源，明确各自的角色定位，这样纷争自解。

中国文化包含"和而不同"两个层面，"礼"的作用是区分不同社会角色，"乐"的作用是和谐各种关系。只有明白了各自身份的分野，才能更好地相互配合。否则，父不父，子不子，君不君，臣不臣，男不男，女不女，夫不夫，妻不妻，发展再多先进的技术，社会仍然是一团乱麻。

这番话对我们今天仍有极大的启示作用。经过一百多年的西化，中国社会的各种角色定位、各种价值观已经不再清晰。正本清源，是革故鼎新的当务之急。

王〔1〕天下有三重〔2〕焉，其寡过矣乎！上焉者，虽善无征〔3〕，无征不信，不信民弗从。下焉者，虽善不尊，不尊不信，不信民弗从。故君子之道，本诸身，征诸庶民，考诸三王而不缪〔4〕，建诸天地而不悖，质诸鬼神而无疑，百世以俟圣人而不惑。

——《中庸》

注释

〔1〕王：wàng，治理全天下。

〔2〕三重：zhòng，三件重要的事情，指议礼、制度、考文。

〔3〕征：可考的征迹。

〔4〕缪：miù，错误。

译文

治理天下能够做好议礼仪、定制度、定文字这三件重要的事，就可以减少过失了吧！过去的礼仪制度虽然好，但年代久远，得不到验证，得不到验证就不能使人民信服，不使民信老百姓就不会听从。圣人如处低位，主张的礼仪制度虽好，但因其没有尊贵的地位，也不能使人民信服，不使民信老百姓就不会听从。所以君子治理天下，先修养自身的道德，并从老百姓那里得到确认。用夏、商、周三代先王的做法来考察而没有错误，立于天地间与天地相合而不违背，质问于鬼神和神灵而没有怀疑，百世以后待到圣人来验证也没有什么不理解的地方。

鼎新的初始阶段，谁来订立国家制度，哪些制度最为关键，应该订立怎样的制度？《中庸》从千秋万代着眼，给出了超乎一般人见识的答案。

《中庸》认为治理天下，最重要的是三件事：议礼、制度、考文，其实质就是正名分，定标准。"礼"规范人与人的关系，"度"确定与"礼"对应的标准，而"文"则保证在全国信息传递时不出现偏差。说到底，就是要有全民认同的核心价值观，就像所有的驾驶员要有相同的交规，交通才能通畅一样，国家治理同样是这个道理。

过去的礼、度、文再好，因为不是当代人都了解的，无法施行；现今即使出现像孔子一样的圣人，如果不在高位，他倡导的礼、度、文也不可能推行，因为老百姓不信任。只有身有德在高位的领导人，才能鼎创新政。他所推行的理念政策，从自身做起，得到百姓的认可，用历代圣王做法来考察没有错误，立于天地之间比照不悖天地大道，纵然是面对无所不知的鬼神也问心无愧，千百年之后的圣人看到也认可其中的道理。这样的新政，才可能推行成功。

我们要问的是，为何两三千年前的圣王和千百年后的圣人都会和今天的善政有一致性呢？原因是人民是为政之本，无私是修德之本，仁义礼智信的教育是社会之本，其实质都是顺乎人心。在守"本"的情况下，各朝代可以因时调整政策，但若新政悖道忘本违逆人心，则必定短命。

无稽〔1〕之言，不见之行，不闻之谋，君子慎〔2〕之。

——《荀子·正名》

注释

〔1〕稽：审详查考。

〔2〕慎：谨慎对待。

译文

没有根据的言论，没有见过的做法，没有听过的计谋，君子都应该谨慎对待。

解析

鼎新不是标新立异，议礼、制度、考文都是国之大事，关乎国家航向、社会风尚、文明传承、未来教育，因此，在鼎新过程中，对如此大事应慎之又慎，不可一时兴起，推翻砸烂，要对传统保有起码的温情和敬意。

谨慎对待"无稽之言，不见之行，不闻之谋"，这是不是保守和故步自封呢？《世说新语》里有这样一个故事：王戎七岁时，和小朋友出去玩，见路边一棵李子树上挂满果实，大家都争着去摘，王戎却没动。别人问他为什么不去，他说："长在路边的李树，果实累累却无人摘取，一定是苦的。"拿来一尝，果真如此。

天下没有新鲜事，如果一种价值观从古到今都未在中国成为主流，那么它一定与中国文化基因相悖，如果一种做法从古到今都未在中国实行过，那它一定不合中国国情，否则何以历代圣贤都愚笨到想不出此等"高妙"方法，不智到排斥"先进"理念？

纵观历史教训，我们认为《荀子·正名》中的这句警语，对当代的人们仍是一剂清醒剂。

修旧法，择其善者而业〔1〕用之；遂滋民，与无财〔2〕，而敬百姓〔3〕，则国安矣。

——《国语〔4〕·齐语》

注释

〔1〕业：创。

〔2〕无财：穷人。

〔3〕百姓：指贵族，与今天百姓意义不同。

〔4〕《国语》：中国最早的一部分国记事史。上起西周中期周穆王征伐犬戎，下迄春秋战国之交晋国韩、赵、魏三家灭智氏（前453年），前后约五百余年。

译文

修整已有的法律，选择其中合用的修订施行，滋育人民，救济贫困，尊敬贵族，这样国家就安定了。

解析

这是管仲在回答齐桓公关于谋求霸业前如何安国时所说，反映出管仲"修旧创新"、平稳过渡的改革策略。

公元前685年，齐桓公即位，之前齐襄公荒唐暴虐，齐国政治动荡、社会混乱，为振弊起衰、图谋霸业，齐桓公委政于管仲，对政治、经济、军事、制度进行了一系列改革。管仲的改革遵循了一个原则，即"修旧法，择其善者而业用之"。

"修旧法"，就是维护周朝已有的核心制度，即建立在"孝""敬"

之上的"尊王"和礼制，在礼崩乐坏的背景下，这种重振核心价值观的举措能够凝聚人心。与此同时，管仲对旧法也有拣择，对于其中"善者"，也不是无条件地沿用，而是"业用之"，根据韦昭注训"业"为"创"，"业用"就是经过加工改造并赋予新意的创造性运用。比如在人事制度方面，管仲一方面维护传统"世卿"地位，另一方面推行选贤任能的任官原则。可见，管仲的改革是稳健而灵活的。

另外，管仲在改革初期，注意协调社会各阶层的利益，不但救济贫困，也注意维护齐国旧贵族的代表高、国二氏的利益，使改革没有碰到激烈的反对而得以逐步推进。这对于推行新政者有借鉴作用。

革故鼎新　与时俱进

勿欲速，勿见 [1] 小利。欲速则不达，见小利则大事不成。

——《论语·子路》

注释

〔1〕见：贪图。

译文

做事不要想立刻看到成效，不要贪图眼前小利，如果只图快，结果反而达不到目的；只图小利，就办不成大事。

解析

这是孔子对于子夏从政的建议。俗话说，新官上任三把火，但孔子却建议子夏沉住气，不要图快，不要急功近利。因为这是鼎新者最常犯的毛病。

鼎新是一个系统工程，需要谋定而后动，要考虑清楚各方面的关系，分清主次缓急，按部就班进行。如果准备不充分，就会出现一个按钮按动后，才发现与之配套的先行准备还没有到位，最后半途而废。

鼎新者为何图快呢？因为希望迅速打开局面，获得信任和好评，这本是人之常情，但要盯紧其中的好名之心，稍过就会演变为好大喜功、捞政绩、面子工程。心态一旦变化，就不会产生持久的内在推动力，自然不会达到预定目标。而在此过程中，急功近利、杀鸡取卵的做法都会发生，由于为民之心已经变成为己之心，就必然会脱离现实、脱离人民，如此一来，三把火烧完，立刻就偃旗息鼓，所谓的鼎新，不过是像插花一样，新鲜几天就逐渐枯萎，因为无根。

歼厥〔1〕渠魁〔2〕，胁从罔〔3〕治，旧染污俗，咸与维新。

——《尚书·胤征》〔4〕

注释

〔1〕厥：其，那个。

〔2〕渠魁：大首领。

〔3〕罔：无、不。

〔4〕《尚书·胤征》：《尚书》是儒家五经之一，是中国最早的一部历史政治文献汇编，《尚书》篇目有真伪之辩，目前一般认为"胤征"属于伪尚书，但即使如此，因其已流传上千年，对中国文化有深远影响。

译文

消灭那些为恶的大首领，协从的人不要惩治；旧时染有污秽习俗的人，都允许更新。

解析

鼎新的过程中，对于故旧势力该如何处置？《尚书·胤征》给出了回答。那就是：只消灭那些罪大恶极的罪魁祸首，协从的人不要惩治；旧时染有污秽习俗的人，都要允许更新。

新中国成立初期，中国政府对于国民党旧部就采用了这样的政策，只惩治有一定级别的国民党高级将领，一般士兵上缴武器后，全部发给路费回家务农。《特赦1959》讲述了国民党高级别官员的思想改造过程，可以看到即使像杜聿明这样犯有战争罪行、屠杀过共产党的一大批国民党高级将领，俘虏之后，新中国也本着治病救人的态度，对其进行了教育，使其思想发生了巨大变化，被特赦后，在来去自由的情况下，坚决留在祖国大陆从事文史工作，成为新中国人民中的一员。对比一下国民党如何对待被捕的共产党员，高下立见。

说到底，政治的目的不是消灭敌人的肉体，而是要化消极的力量为积极的力量，因此在鼎新阶段，要将革除的势力控制在最小的范围。这是区分一个政治团体是否正义、是否智慧、是否成熟的根本标准。

徒〔1〕善不足以为政，徒法不能以自行。

——《孟子·离娄章句上》

注释

〔1〕徒：只有。

译文

（君主）光有善心却不去施行，是不可能达到仁政的目的；仅有法律而不去推行，书面上法律是不可能自己去实施的。

解析

从最高领导者兴仁政的美好愿望，到最后国家焕然一新、实现大治，中间有哪些必不可少的关键因素和环节呢？

孟子认为，有兴仁政的愿望，就应制定颁布与之相应的法律政策，否则，愿望就不能转化为施政纲领，而始终停留在想法或口头阶段。为何会如此呢？可能是由于最高领导人权力不够，也可能是其能力魄力不足，但还有一种可能性，就是"鼎新""仁政"只是其口号和幌子，是用来贴金骗选票的，一旦大位到手，仍是自我享乐，根本不会落实到政策层面。

既有仁政愿望，也制定了非常完备的法律政策，新政是否就一定能推行呢？孟子的"徒法不能以自行"一句切中"法"的局限性，希望靠书面上的法律，来保证长治久安，无异于做梦。西方文化认为，法源自上帝，因此法治就是神治。中国文化从周代起，就强调"修德配天"人的地位，就看清"再好的法都出自人心、由人制定、靠人实施"的现实。因此，法律必须靠德才兼备、正直有为的人才去推进实施，才能发挥作用。当我们大力提倡法治之时，必须清醒地记住一个简单的事实，法是人制定的，人类构成的社会，终究要靠人来管理，"徒法不足以自行"。

立非常之事，必俟〔1〕非常之人。

——《周书〔2〕·列传·卷十四》

注释

〔1〕俟：等待。

〔2〕《周书》：中国历代正史之一，周书为北周（557—581）的纪传体史书，由唐朝令狐德棻主编，成书于贞观十年。

译文

要建立非同寻常的事业，必须要等非同寻常的人才。

解析

要施行新政新法，要变革旧制旧俗，需要靠什么样的人呢？《周书》说"立非常之事，必俟非常之人"。《汉书》中，汉武帝也曾在求才诏书中讲："盖有非常之功，必待非常之人"。说明：在革故鼎新的重大关头，一定需要有非凡见识、坚定意志之大才。

"非常之人"需有哪些特质？首先要有非凡的见识。鼎新常伴随着革故，于积弊丛生之际，于经年旧制形成的惯性之中，能擘画新景，必然要有非同寻常的见地。同时，还需有非凡的胆识和智慧。因为此时旧势力既得利益者都在高位，要想在盘根错节中开辟新政，阻力可想而知。此外，还要有牺牲精神。改革就意味着摧枯拉朽，意味着利益触动，姑且不论新政失败，纵然成功，革新者也常要以自己的生命作为成本，吴起、商鞅无不如此。既然史书中不乏此例，鼎新变法者，又见识过人，难道还不了解变革者所要承担的巨大风险？非不知也，只因为真正的鼎新者，还有一个特质，就是要有舍我其谁的社会使命感。有如上特质，才可称之为"非常之人"。

　　每读史书，都会为这些改革者唏嘘，他们一时大刀阔斧，引领风潮，最后遭遇却往往惨烈落寞，但就是这份舍我其谁的担当，挽救了国家的危亡、百姓的命运，在中国历史上留下浓墨重彩的一笔。因此，可以说，中国无论哪一位成功的改革者不论历史将他们归于哪一家哪一派，其实身上都有儒家"士"的底色。

任贤勿贰〔1〕，去邪勿疑。

—— 《尚书·大禹谟〔2〕》

注释

〔1〕贰：有贰心，不信任。

〔2〕《尚书·大禹谟》：《尚书》是儒家五经之一，是中国最早的一部历史政治文献汇编，《尚书》篇目有真伪之辨，目前一般认为"大禹谟"属于伪尚书，但即使如此，也已经流传上千年，对中国文化有深远影响。

译文

任用贤才不要三心二意，铲除邪恶不要犹豫不决。

解析

革故鼎新，必须要有具有非凡胆识的"非常之人"，有了这样的人才，新政就能推行成功吗？并不尽然，还有赖于两个先决条件：其一，君王要有绝对的权力；其二，君王对改革者有要绝对的赋权和信任。

《周易》六十四卦提供了多个困境中除弊鼎新的情境。按照《易经》六爻哲学，君王位于第五爻，而改革者当处第四爻的相位。研读《周易》会发现，如果第五爻君王缺乏绝对权力和坚定决心，第四爻的大臣很难有所作为，此时若还要有所举动，一般都会结局惨烈。现实中的戊戌变法、周易中的"坎""离"两卦，就是这种情况。

当君王获得绝对权力并赋权改革者之后，革新过程也充满艰险。革故鼎新，必然触及故旧势力，因此必然要面临来自各个层面的反对，此时君王与改革者必须君臣一心，形同一人，改革方可推动。如果君王不能做到"任贤勿贰，去邪勿疑"，新政就会大打折扣，中途生变。

疑行无名〔1〕，疑事无功。

——《史记·商君〔2〕列传》

▌注释▐

〔1〕无名：因成功而显名于天下。

〔2〕商君：即商鞅（约公元前 395—前 338 年），姬姓，公孙氏，名鞅，卫国人。战国时期改革家，法家代表人物。曾协助秦孝公变法，使秦国强大起来。

▌译文▐

行动犹疑不会立名，做事犹疑不会成功。

▌解析▐

历史上，凡是成功的革新，必然有君臣相契的佳话。君王有改革志向，改革者有充分授权，如果不能君臣始终一心，改革过程仍存在很多变数。

改革初始，旧体制已有的盘根错节的力量，就必然会对改革者产生非议，这些人从基层到高层都有雄厚的力量，会随着改革的推进，渐渐结成联盟，因此各种反对的声音会源源不断抵达君王的案头和耳边，此时，如果君王产生一点犹疑，新政就会中废。

杜保瑞教授认为，《周易》每卦六爻分别代表从基层到高层六个社会位阶。君王居五爻，而宰相为四爻。《系辞传》曰：二多誉，四多惧。意思是二爻作为基层主管，工作常常得到嘉奖表扬，但第四爻由于身居高位、接近君王，如果因新政推行成功而受到百姓爱戴，则会引起君王的猜忌。此时，如果自己不知低调收敛，往往会一朝成为阶下囚。

二人同心，其利断金。革故鼎新是大行动、大事业，唯有去掉疑心，目标单纯，才能功成名显。

民不可与虑始〔1〕而可与乐成〔2〕。

——《史记·商君列传》

注释

〔1〕虑始：谋划革新规划。

〔2〕乐成：分享成功的快乐。

译文

一般民众不能和他们谋划开创之事，但可以与他们一起分享成功的快乐。

解析

有一部热播的电视剧《山海情》讲述了 20 世纪 90 年代以来宁夏西海固脱贫的故事。政府刚推出"易地搬迁"扶贫政策时，老百姓是消极甚至是反对的，但当配套蓝图一步步变为现实，老百姓逐渐变得配合，最后终于和政府一起完成了脱贫工程。

因此，商鞅认为，开创新政的改革之初，不能靠听民众的意见，而应该由高层决断实施，引导民众执行，最后走向成功时，老百姓才能因看到成果而真正认同新政。

这似乎不符合现代"民主"的原则，但却恰恰修正了现代西方"民主"中个人主义意识泛滥的弊端。一般来说，多数民众考虑问题总是从个人眼前利益出发，而行仁政的领导人则要考虑全局和长远，以此为出发点的新政，在初始阶段，极可能因伤及局部和切近利益而不被民众理解。比如，一些国家因福利过高而寅吃卯粮、债台高筑，民众却反对减薪增税改革；一些地区因过度开采而造成污染，当地人却反对采取环保措施。

政府当然要倾听百姓呼声，但更要做百姓的主心骨，担负引领的作用。如果一个国家或地区，任何变革都要由民众公投决定，那么一切着眼于长远的新政大概率都会被否决，那么这个地方迟早会陷入短视和族群撕裂的泥潭无法自拔。

汤〔1〕之盘铭〔2〕曰：“苟〔3〕日新，日日新，又日新。”《康诰》〔4〕曰：“作新民。”

——《礼记·大学》

┃注释┃

〔1〕汤：汤，指商汤，商朝的创建者。

〔2〕盘铭：沐浴之盆铭刻的自警文字。

〔3〕苟：诚。

〔4〕《康诰》：《尚书》中的一篇。

┃译文┃

商汤沐浴的浴盆上刻了文字儆戒说：“诚能一日除去旧染的污垢，就能一日维新，日日如此，日日维新，新新不已。”《康诰》上说：“振作鼓舞培育一代新民。”

┃解析┃

我们现在把念念不忘的自警之语叫做“座右铭”，大约是因为人们常将最重要的戒勉之辞铭刻在书案右侧以自警。三千多年前，商朝初建，汤王为了警示自己不要重蹈夏桀的覆辙，在浴盘壁上铭刻了“苟日新，日日新，又日新”九个字，提醒自己：人不但每天要沐浴身体之尘垢，更要洗濯心灵之恶习。自新不是一日之事，而是要像沐浴日日自新，持之以恒。只有这样，人才不会放逸油腻、腐化堕落。君王如此修身，源头清澈，国家才能常新。可惜这样的警示在六百年后，已被纣王遗忘殆尽，酒池肉林，荒淫暴虐，不但国亡身死，而且带坏了民风。

周灭商后，又站在了和汤王相同的历史节点。周公平定管蔡之乱后，任命其弟康叔去治理殷商旧地民众，在他赴任前特作《康诰》《酒诰》《梓材》三篇告诫之文，其中《酒诰》是中国最早的禁酒令，从中可见商民当时酗酒成风。周公勉励康叔要化纣恶俗，力戒放逸、享乐、酗酒等恶习，像教导赤子一样以身作则，移风易俗，造就一代新民。

从一人的"日新"到整个民族"作新民"，"苟日新，日日新，又日新"已内化为中华民族自强不息的文化基因。今天，我们应该聆听几千年前先贤的声音：每天洗脸，你洗心吗？每天推杯换盏，有品吗？如果我们的官员能够每天将《大学》读一遍，那就是最好的清醒剂，如果所有名酒包装上都附上一则《酒诰》，违反"四风"者必然逐渐减少，如此方可"作新民"。

第四篇

守正

创新必须守正。何为『正』？『故』和『新』并非简单的时间概念，而是有道德标准。只有『利生』『利众』『利通』者，才属于的真正的『新生力量』，需要积极培植。反之，即使是新出现的现象，如果其具有『害生』『害众』『害通』的特点，就属于逆流异端，不但不应推崇提倡，反而应该着力革除。『守正』是创新的前提和标准，是中国文化的精髓和灵魂。

正其本，万物理〔1〕；失之毫厘，差之千里。

——《大戴礼记》〔2〕

注释

〔1〕理：有条不紊治理好。

〔2〕《大戴礼记》：相传为西汉末礼学家戴德（世称大戴）撰写。现代学者认为成书时间应在东汉中期，可能是当时大戴后学为传习《士礼》而编定的参考资料汇集。

译文

从根本处匡正，一切事物才能顺理成章走上正轨，出发点偏差毫厘，结果就相差千里。

解析

改革必须牢记初心和本源，出发点稍有偏离，结果就相去千里。

我们在这一篇中，特别强调革新中守正的重要性，是因为自鸦片战争以来，随着西方列强的入侵，中国在军事和政治危机中，文化受到了极大的冲击，百余年来，西风强劲，我们的整个思想和话语都受到了颠覆性改造，中国传统价值观被严重污名化。在世界全球化的今天，各种思想学说正以新思潮的面目登堂入室，对中国伦理、政治、经济、法律、艺术等各方面产生极大影响。

党的十八大以来，习近平总书记多次指出哲学社会科学要"正本清源、守正创新"。在中华民族伟大复兴的过程中，我们必须理清楚"中国人眼里心中的世界是什么？不可放弃的道德价值是什么？追求理想的道路上行什么？矢志不渝的追求要达到什么？"这一系列的问题，否则，就无法真正建立起"四个自信"，革新也会偏离中华文化的核心价值和党的初心。

人心惟危，道心惟微，惟精〔1〕惟一，允〔2〕执厥〔3〕中。

——《尚书·虞书·大禹谟》

注释

〔1〕精：凝神。

〔2〕允：诚信。

〔3〕厥：其，那个。

译文

人心险恶难安，道心微妙难觉。唯有凝神守一，才能真诚地保持一条不偏不倚的正确路线。

解析

这就是著名的儒家"十六字心传"，据《尚书·大禹谟》记载，为尧传给舜又传给大禹的名言。虽然后期发现《大禹谟》可能并非《尚书》所载，但"十六字心传"对中国文化影响极为深远，由乾隆皇帝手书的"允执厥中"四字，成为悬挂在故宫中和殿正中的匾额。

"新"何以变为"故"？革故与鼎新，究竟有何准绳？都在这"十六字心传"当中。一般人内心仿佛总有两个自己，一个懒怠放逸、充满物欲，稍有空闲安逸，便开始蠢蠢欲动，这就是"人心"所指；另一个警醒而正直，却常在喧闹中显得非常隐微，只有时时凝神于一，方能了了觉知，才能不偏不倚，这就是"道心"所在。本有两个自己，如何凝二为一？原来"人心"如水起波浪，"道心"

似如镜止水，本是一体两面。《说文解字》说"道立于一"，汉语中，"一"就是"道"的指称。人走在道中央，就没有坠落的危险，此谓"厥中"。一个社会，只要保有仁爱、清廉、勤勉、诚信的风尚，这个国家就没有衰亡之忧。

危心不遏，就是变质的开始；道心提起，就是鼎新的希望。新与旧，不过就是在危心与道心之间转化，而"厥中"就是革故鼎新的准绳。

仁也者，人也。合〔1〕而言之，道也。

——《孟子·尽心章句下》

注释

〔1〕合：指把"仁"和"人"合起来。

译文

仁就是做人的原则。仁和人合起来讲就是人生正道。

解析

革故鼎新的目的是走正道。何为正道？孟子认为，"人"的特质就应该是"仁"，因此"人"践行"仁"，就是走正道；国家行仁政，照顾好百姓，就是走正道。

《说文解字》中对"仁"的解释是"亲也，从人从二。"可见，在中国人看来，"人"不是单独个体，而是生活在关系之中，与他人建立一种亲善的关系，这就是"仁"，是每个人都应该践行的成人之"道"。这样一来，在中国文化中，"人"与"仁"就建立起不可割裂的关系，形成儒家"人性善"的基石。在这样的前提下，世界上不乏好人，政权的合理性在于政府是否由德才兼备的好人组成，是否行仁政，保证人民安居乐业，而不在于其他。

在西方文化中，人是由上帝创造的独立个体，与他人没有关联，而且由于人有原罪，"人性恶"成为西方文化基础，进而形成西方防范性政治模式。

总之，中国政治的革故鼎新，就是以"仁"代替"不仁"；西

革故鼎新　与时俱进

169

方则只是按照所谓的"程序"，以个人主义意识形态抬出另一个换汤不换药的"新"领导人而已。

天下之达〔1〕道五，所以行之者三，曰：君臣也、父子也、夫妇也、昆〔2〕弟也、朋友之交也。五者，天下之达道也。知〔3〕、仁、勇三者，天下之达德也。所以行之者一也。

——《中庸》

注释

〔1〕达：通。

〔2〕昆：兄。

〔3〕知：zhì，智。

译文

天下之通达之道有五项，来施行它们有三项。即：君臣，父子，夫妇，兄弟，朋友之交，五项为天下之通达之道。智、仁、勇三项为天下之通达之德，来施行它们者要专一守诚。

解析

朱熹在《四书集注》中解释："达道者，天下古今所共由之路；达德者，天下古今所同得之理也。"可见，纵越万年，这些"道"与"德"是恒常的人类社会经线。

在中国人看来，社会是由人组成的生态系统，社会成员之间不是杂乱无章、互不关联的，而是由基本的经纬线编织而成。这就形成了中国人通过整体场域来认识个体坐标的思维模式，即认为没有像孙悟空一样从石头缝里蹦出来，人从出生，就开始了关系的搭建和扩展，从某人的儿女，成为某人的兄姊，再成为某人的配偶、某人的父母、某人的学生、朋友、下属、官长。因此一个人要走通人生道路，就是要处理好这些关系；一个国要长治久安，就是要规范好这些关系。

因此，"道"不玄奥，亦不远人，就是社会伦常关系，孟子所说的"父子有亲，君臣有义，夫妇有别，长幼有序，朋友有信"。这是千古不变之达道。"知"，就是要知此"道"；"仁"，就是要认此"道"；"勇"，就是要行此"道"。要清楚体认世界是个互联共系的命运共同体，每个人都应该诚心勇毅地把自己连接的每一重关系都走通达。如此整个人类才能和衷共济、和合共生，舍此，人世间不可能再有其他正道。

当今世界，个人主义泛滥，人们把自己从社会的生命体中切割分离出来，追求个性独立，结果自闭症、抑郁症高发；有些国家，处处要自我优先，想把自己凌驾于整个世界之上，如此迟早会碰壁，成为孤家寡人。

孝，天之经〔1〕也，地之义也，民之行也。

——《孝经》

注释

〔1〕经：本指织布的经线，这里指恒久的运行之道。

译文

孝道，犹如天上日月星辰的运行，地上万物的自然生长，天经地义，是人类本有的自然行为。

解析

中国现在街道上很多公益广告都写着"孝道，中国人的血脉"。可见，孝，是中华民族的文化基因，无论如何革故鼎新，不可须臾动摇。

父母对子女之爱、两性相悦之情是一切动物皆有的，尽管内涵的丰富性不同，没有这两种爱，动物种群就无法繁衍；但"孝道"，是人类特有的有意识行为。科学研究已经表明，乌鸦反哺、羔羊跪乳，只是人类对动物界无意识行为的道德性解读，像红梅傲雪、荷花高洁一样，反映的只是解读者自己的道德价值意识。要言之，"爱"是一切动物皆有的共性，而"孝"则是人有别于动物的特有行为。

中华民族是"和而不同"的文化，一方面强调民胞物与、万物一体的和谐共生之道；另一方面明辨人与飞鸟禽兽之间文明与野蛮的区别。在中国人看来，"孝"是人类脱离禽兽的第一步，也是人类社会别于动物群落的起点。

　　动物界的主导法则是个体生存，动物没有博爱等道德观念。中国文化"一多不分"的宇宙观，是从"孝"道开始体认的。"身体发肤，受之父母，不敢毁伤，孝之始也"，原来，"我"不是单独的小我，而是父母的一部分，爱护好自己的身体，就是在行孝，因此，君子不去争勇斗狠或做无意义的冒险活动；"立身行道，扬名于后世，以显父母，孝之终也。"从孝亲开始，修齐治平，道贯古今，不断提升服务社会的能力和胸怀，在事业和道德上取得成功，这就是孝顺的最高境界。可见，"孝"不是孩子服从父母的单向关系，而是个人成功、国家大治的枢机。从意识到与父母一体，扩展到与天下相连，从为"孝"爱惜身体，扩展到为"孝"服务天下，是自然而然、扎实稳健的进路，而非空有"博爱"的口号。

　　将"孝"批判为奴性的人，是以西方个人主义对中国传统的误读与扭曲；读过《孝经》，以二十四孝的个别故事来批判孝道，应该了解今天看似极端的例子并非孝道本身。好比"铁杵磨成针"只是在倡导下苦功夫的精神，如果去研究磨针的效率、可能性等，那就是舍本逐末拿着棒槌当针认了。

乐〔1〕也者，情之不可变者也。礼也者，理之不可易者也。乐统同〔2〕，礼辨异，礼乐之说，管〔3〕乎人情矣。

——《礼记·乐记》〔4〕

注释

〔1〕乐：yuè，中国古代，"音"和"乐"是不同的概念，"音"只是动听，"乐"则专指德音雅乐。靡靡之音不属于"乐"。

〔2〕同：共同的情感。

〔3〕管：根据《康熙字典》，此处为"包"的意思，蕴含。

〔4〕《礼记》：又名《小戴礼记》，为西汉礼学家戴圣所编，是中国古代一部重要的典章制度选集，共二十卷四十九篇，内容主要是先秦礼制大义阐发，反映出儒家的哲学思想、教育思想和政治思想，是儒家《五经》之一。《乐记》是其中一篇，说明古代礼乐教化的功能作用。

译文

乐，能表达人类喜怒哀乐等不变的情感；礼，体现着人类社会中不变的事理。乐是合和人心的，礼是分辨人伦区分的，礼乐之说，是人情事理的内在表现。

解析

中国哲学是做人之学。世事变迁，但人喜怒哀乐的情感从古到今相通，家庭社会基本伦理关系也基本稳定。儒家就在人之常情、事之常理处着眼，找到了"礼乐"这一教化人心、和谐社会的关键枢机。

　　人有共情，不同音乐能触发人类不同情感，因此德音雅乐可以和合人心；人有不同角色，"礼"如同人际交通规则，可以区分不同身份和责任，能保证社会有序运行。"乐统同，礼辨异"是中国"和而不同"文化特质的体现，这种基于人情事理的礼乐教化，比法律强制更自然，也更有效果，具有高超的政治智慧。彭林先生在《礼乐文明与中国文化精神》一书中指出："我们能够给世界提供一个完全不同于西方文化的社会发展模式，这不是靠宗教，而是靠社会的公理，靠人类的自律，靠人的修养，就能达到自身的和谐，就能够把中国建设成世界一流强国。"①

　　王国维先生认为"殷周之兴亡，乃有德与无德之兴亡"，而"旧制度废而新制度兴"的鼎新之举就在周公制礼作乐，其谋虑"乃出于万世治安之大计"。自此，中国历代王朝无一不以"礼乐兴"作为政治成功的标志，因此，"管乎人情"的"礼乐"对于中国传统政治具有永恒价值。今天中华民族要复兴腾飞，应该要借助五千年传统文化深厚的积淀。

---

① 彭林：《礼乐文明与中国文化精神》，中国人民大学出版社 2016 年版，第 33 页。

见其[1]礼而知其政，闻其乐[2]而知其德。由百世[3]之后，等[4]百世之王，莫之能违也。

——《孟子·公孙丑上》

注释

〔1〕其：指某一国君。

〔2〕乐：yuè，这里指音乐。

〔3〕世：一世为三十年。

〔4〕等：分出等级的高下。

译文

（孔子）看见一国的礼，就能知道这个国家的政治状况；听到一国的音乐，就能了解这个国家的德教。即使在百世之后评说百世以来的君王，也没有哪一位能违背孔子的这个道理。

解析

这是《孟子》中子贡评价孔子的话，说明"礼乐"在评判社会治理状况时具有指标性功能。礼乐乱，必定道德败坏，政治腐败，革故势在必行；礼乐兴，必定万象更新，政治清明，国家欣欣向荣。

为何礼乐具有如此恒常的枢机功能？因为"礼乐"皆出于自然的人情事理，纵历百世，人皆有喜怒哀惧，皆有父母兄弟，恒常不变。"礼"是规范社会伦理关系的分角色剧本，剧本乱，社会大舞台必定乱象横生，君不君，臣不臣，父不父，子不子，这台戏就没法演下去，只好闭幕重启。

同样，由于不同音乐会激发人不同的情感，因此《孝经》说"移风易俗，莫善于乐"。中国古代，"音"和"乐"是不同的概念，"音"只是动听悦耳，"乐"则专指德音雅乐，不但悦耳还养德。孔子有一段话说明了"乐"的不同境界："子谓《韶》，尽美矣，又尽善也；谓《武》，尽美矣，未尽善也。"①虞舜时期的韶乐，不但动听，而且有着浑厚的仁德，因此是尽善尽美。武王时的音乐，虽然形式很美，但因为杀伐之气渗入，在孔子听来，就未尽善。可见，中华民族自古以来对艺术就有很高的道德要求，绝非只为娱乐。

靡靡之音不属于"乐"，《乐记》说："治世之音安以乐，其政和。乱世之音怨以怒，其政乖。亡国之音哀以思，其民困。"孔子厌恶郑声，因其好滥淫志，惑乱雅乐；子夏不喜宋音，因其惟安女子，消磨志向。另，卫音急促，令人烦乱；齐音敖辟，令人骄逸。这些统称为"溺音"，是乱世亡国之先兆。可见，声音之道，通于政治和伦理。

不止音乐，文学艺术莫不如此，都有感染社会风俗的作用。因此，今天文艺界需要讲品位、讲格调、讲责任，抵制低俗、庸俗、媚俗。多元创新，必须以守正为前提，否则，就是在毒化社会风气。

---

① 见《论语》八佾第三。

礼之于正国家也，如权衡〔1〕之于轻重也，如绳墨〔2〕之
于曲直也。故人无礼不生，事无礼不成，国家无礼不宁。

——《荀子·大略》

注释

〔1〕权衡：秤锤和秤杆。

〔2〕绳墨：木工用来校正曲直的墨斗线。也指准则，法度。

译文

礼对于国家的匡正作用，如同秤锤和秤杆对于轻重的作用，又
如同绳墨对于曲直的校正作用。因此，人无礼无法在社会上生存，
事情不合礼就无法办成，国家丧失礼制就无法安宁。

解析

孔子教育儿子孔鲤说："不学礼，无以立。""礼"是"仁"的
外显，是"理"的具现，在中国历史长河中，具有经天纬地的标
尺作用。

彭林先生如此归纳"礼"的重要定位："礼者理也，德之则
也。"礼乱，社会必乱。因为"礼"是人类自觉区别于禽兽之规范。
动物界不着衣冠，人要穿衣戴帽；动物界自然繁殖，人有婚姻聘
娶；动物界撕扯打斗，人有礼貌辞让；动物界弱肉强食，人有孝
亲敬长。中国先人最早的觉醒，就是在鸟兽群中对于"人"特质
的觉醒，"舜之居深山之中，与木石居，与鹿豕游，其所以异于
深山之野人者几希；及其闻一善言，见一善行，若决江河，沛然莫

之能御也"。① 儒家最深的担忧，就是人的禽兽化。"礼"就是防止人滑落到鸟兽群里的护栏，是人类行为雅化、文化的体现。

孔颖达在《春秋左传正义》中说："中国有礼仪之大，故称夏；有服章之美，谓之华。"中华民族，曾有礼仪三百威仪三千，是名副其实的礼仪之邦。今天，当我们面对新出现的一些所谓潮流和时尚时，一定要用上面"礼"的标准衡量一下，看其究竟是新潮还是向动物界的退化，若是后者，就要坚决摒拒。否则，人无以立，事无以成，国无以宁。

---

① 见《孟子·尽心章句上》。

非礼勿视、非礼勿言、非礼勿听、非礼勿动〔1〕。

——《论语 . 颜渊》

│注释│

〔1〕动：做。

│译文│

不符合礼的不看，不符合礼的不说，不符合礼的不听，不符合礼的不做。

│解析│

1983 年 7 月，钱穆先生曾提出："要了解中国文化，必须站到更高来看到中国之心。中国的核心思想就是'礼'。"

为何"礼"重要到可以被称为中国思想之核心的程度？这是因为"礼"包括大到中国社会生活中各个领域的制度和规范，小到日常生活中待人接物的礼节和规矩，它承载着整个中华民族的宇宙观、人生观、社会观、价值观。钱穆先生说：中国人之所以成为民族，是因为"礼"为全中国人民树立了关系准则。彭林先生在其《礼乐文明与中国文化精神》一书中认为，"中国文化在方言和风俗之上，有一个更高的东西，那就是共同的道德理性的具现，就是'礼'。'礼'维系着大江南北、黄河上下所有的中国人，并在'礼'这个层面上得到一致的认同。所以西方是小国寡民，而中国这么大，却牢不可分，一旦分离了，马上又会积极地合起来，因为我们始终都是一个文化认同的整体。"①

　　对"礼"的认同实际是对"人"的标准的共识。"礼"的本质是"人之道"。《礼记·曲礼》言："凡人之所以为人者，礼义也。人以有礼，知自别于禽兽。"可见，"礼"是"人道"之具象化规范，是防止人禽兽化的护栏。因此，在人类社会中，一切的言论自由、行为自由，都应该是在"礼"的护栏之内。若将自由凌驾于礼义廉耻、社会公德乃至国家法律之上，那必然会像卸掉车闸去飙车，过一把"彻底自由"瘾之后，很可能掉入万丈深渊。而中国若在变革中将"礼"革除，华夏文明就将失去其自别于禽兽的特性，果真如此，我们将以何面目面对先圣后人？

---

① 彭林：《礼乐文明与中国文化精神》，中国人民大学出版社 2016 年版，第 26 页。

礼义廉耻，国之四维〔1〕。四维不张〔2〕，国乃灭亡。

——《管子〔3〕·牧民》

注释

〔1〕维：维系，纲。

〔2〕张：展开，推行。

〔3〕《管子》：是先秦时期各学派的言论汇编，内容博大，包括黄老道家、法家、儒家、兵家和农家等各种观点。基本上是战国时稷下道家推尊管仲之作的集结，现存76篇。

译文

礼、义、廉、耻是维系国家的四项道德准则，如果它们不能被推行，国家极易灭亡。

解析

如同翻新旧屋，家具装饰可以换新，四梁八柱，不可移动。革故鼎新，亦复如是，具体政策可以变革，但是国之四维不可动摇，否则就离国家倾亡不远。

为何将"礼义廉耻"称为国之四维？因为国家是由人组成的生态系统，必须以"人"的标准为基本行事原则，"礼义廉耻"是人别于禽兽的基本特点，舍此四维，社会就会变成动物园。孟子认为，人之所以不同于动物，就在于人有恻隐之心、辞让之心、羞恶之心、是非之心，因此，人以恃强凌弱为耻，以巧取豪夺为耻，以伤风败俗为耻，以坑蒙拐骗为耻。"礼义廉耻"不张，就意味着整个社会的是非观已经混乱，这很可能是由于动物性的弱肉强食、争勇好斗、放纵荒淫、追求物欲得到了纵容甚至提倡。这样一来，贪官、豪强、娼妓、黑帮、诈骗犯、卖国贼，就吆五喝六、招摇过市，而英雄、烈士、劳模、先圣就被调侃、诽谤，长此以往，整个社会必然变得寡廉鲜耻、国将不国。

创新必须守正，当一种新的理念学说兴起之时，一定要用"礼义廉耻"衡量一下，看清其真面目，新固然新矣，正乎？

"义"与"利"者，人之所两有〔1〕也。"义"胜"利"者为治世，"利"克〔2〕"义"者为乱世。

——《荀子·大略》

注释

〔1〕两有：兼有。

〔2〕克：胜过。

译文

道义和私利，是人们兼有的两个方面。人们对正义的追求胜过对财富的追求，便是太平之世；对财富的追求胜过对正义的追求，便是衰乱之世。

解析

在革故鼎新的过程中，特别容易偏离的就是"义""利"之准则。一般来说，一个国家机制腐坏，最后一定会形成两极分化，整个财富都被富豪和权臣所垄断，不但基层百姓穷，国家财政也捉襟见肘。

为摆脱经济困境而兴起的变革，极易将"增利"放在首位。从短期看，好像一时间国家经济欣欣向荣，但从长远看，已埋下了道德败坏的祸端。荀子说，君主爱好道义，百姓就暗自端正自己的言行；君主爱好富裕，民众就为利而死。这两点，是治乱之分衢。

"君子喻于义，小人喻于利"，国家倡导利益，小人就层出不穷，人们为金钱可以不择手段，笑贫不笑娼成为社会风尚。富翁一旦成为全民偶像，官员必定将权力变现为金钱，而不以为耻，反以为能。这样一来，坑蒙拐骗、巧取豪夺、权钱交易，杀人越货，会无所不至。荀子引一则民间俗语说："欲富乎？忍耻矣！倾绝矣！绝故旧矣！与义分背矣！上好富，则人民之行如此，安得不乱！"①

党的十九大明确提出要在发展中树立正确的"义利观"，这是改革当中的必守之正，不可偏离或偏废。

---

① 见《荀子·大略》。

国不以利〔1〕为利〔2〕，以义为利也。

——《大学》

注释

〔1〕利：财利。

〔2〕利：根本利益。

译文

国家不以财利为根本利益，而是要以道义为根本利益。

解析

国家是由人组成的社会系统，万变不可离开人本，"义"就划出了一条人类社会别于动物群落的是非底线。"父子亲、夫妇从、兄弟睦、朋友信、君臣义"就是人所共通的"十义"。

禽兽只有食物追求，没有道德意识，只有物欲，不明道义。人则不同，《易》曰"利者，义之和也。"如果一个国家将"财利"作为根本利益，弱肉强食的动物法则，就会被平移为社会信条，"人为财死，鸟为食亡"就会成为人们常挂嘴边的口头禅，这实际上已将"人"降低到了与鸟兽同群的地步，这样，社会必然发生丛林化异变，唯利是图成为生存法则，"欺骗、说谎、偷窃"就非但不是不义，而且值得炫耀。如此，国家如何维系？

同时，人毕竟不同于禽兽。狼吃羊，本性使然，不会吃出多少花样，更不会一边吃，一边布道。可是经过伊索寓言加工的狼，就不但凶残，而且头头是道，十足的伪善。人类一旦将利益作为终究

革故鼎新　与时俱进

187

追求，其狡诈虚伪要超过动物千倍。他们可以一边屠杀，一边高
喊人权，一边绑架，一边标榜法律。当今世界私人资本势力强大，
"利益最大化"就是资本追求的公平正义。"没有永恒的敌人和朋友，
只有永恒的利益"已被一些人当成公理流行地引用。正是在这种丛
林法则盛行的世界中，建立在"仁义"之基上的人类命运共同体理
念，才更显其珍贵。因此，我们今天倡导正确的义利观，不但对于
中国，而且对于世界都极为重要。

曰仁义，礼智信，此五常〔1〕，不容紊〔2〕。

—— 《三字经》〔3〕

注释

〔1〕五常：五种基本不变的道德。

〔2〕紊：乱。

〔3〕《三字经》：中国的传统蒙学读物，由南宋儒家学者王应麟编写，包括中国儒家道德教育，也包含天文地理、历史文化方面的知识。

译文

"仁义礼智信"是五种恒常的基本道德，是不能紊乱的纲纪。

解析

古人云：万变不离其宗。革故鼎新，是变革不合时宜的具体做法和政策，而人之为人的基本原则不可紊乱。"仁义礼智信"就是这种在变革中必须恪守的人之常德，国之常纲。

《诗》云："天生烝民，有物有则。民之秉彝，好是懿德。"① 在中国人看来，人心最深处总是喜欢美好的德行，既然如此，人就可以修德配天。如何修德呢？就要在社会关系中修身，成就自己的德行。"仁义礼智信"就是通过体察他人、考虑他人、敬爱他人、学习他人、服务他人的修养过程而逐渐圆成的五种德德，是社会不变

---

① 出自《诗经·大雅·烝民》。

的道德准绳。

无论到了什么时代，"仁爱""道义""礼敬""智慧"和"诚信"都是人类的美德，深植于人心，不可被颠覆。否则，世界就会被丛林法则、以强凌弱、盲目短视、背信弃义所代替，而陷入紊乱。

有国有家者，不患寡而患不均〔1〕，不患贫而患不安〔2〕，盖均无贫，和〔3〕无寡，安无倾。

——《论语·季氏》

注释

〔1〕均：各得其分。

〔2〕安：上下相安。

〔3〕和：和睦。

译文

无论是诸侯或者大夫，不必担心财富少，要担心财富分配不公平；不必担忧人民贫穷，而要担心社会不安定。若是财富分配公平，便不会有赤贫；上下相和，便不会觉得短缺；社会安定，国家便不会倾危。

解析

这是孔子针对季氏伐颛臾一事对冉有和子路的教导，成为后世社会分配原则的名言。老子说："天之道，损有余以补不足；人之道则不然，损不足以奉有余。孰能有余以奉天下，唯有道者。"① 可见，若非"道"者，很难理解孔子此言的深刻内涵和良苦用心。

现代社会提倡自由竞争，不少人认为，在竞争体制下，"能者多得，弱者贫穷"天经地义，孔子上述言论被认为是平均主义，会

① 出自老子《道德经》第七十七章。

奖懒抑勤，不利于经济发展、社会进步。这里需要说明，孔子所说的"均"，并非"绝对平均"，而是"各得其分"。具体到当今社会，就是社会成员的分配差异应控制在一个合理的范围内，不出现严重的贫富分化。

对"不患寡患不均"信条的不同看法，反映出看待社会的不同眼光。推崇自由竞争者，将社会看作由原子个体组成的赛场，每个人要成功，必须战胜他人；孔子与老子则将整个国家看作一个生态系统，成员之间休戚与共，同气连枝。

这并非只是角度观点的差异，而是格局和眼光的不同。有国有家者，必须胸怀全局。社会上贫穷的产生并非仅仅因为懒惰或愚笨。资源、环境、政策倾斜，都会造成财富分配不均。尤其是现代社会，由于金融资本市场的存在，信息资源的不对称性，极易造成富者更富、贫者愈贫的状况。国家贫穷时，大家即使都没饭吃，但只要同舟共济，社会还是安稳的；当社会财富大量增加，却被少数人攫取垄断，整个国家就变成一座火山，不但贫穷者活不下去，有钱人也无法安宁。

革故最重要的内容就是打破财富的垄断，让血液流动到社会已经缺血濒死的部分，只有这样社会生命体才能重新焕发活力。因此，贫穷不是社会主义，让一部分人先富起来是革新；一部分人富裕之后，继续革新，疏通管道，实现共同富裕，更是社会主义的真谛。

为政以德，譬如北辰〔1〕，居其所而众星共〔2〕之。

——《论语·为政》

注释

〔1〕北辰：北极星。

〔2〕共：gǒng，拱，围绕。

译文

以道德原则治理国家，就像北极星一样处在一定的位置，所有的星辰都会围绕着它。

解析

中国这种"中心围绕型"政治模式，深植于中国宇宙观、人生观和思维方式当中，根植于人性善的哲学判断之上。

中国人是天人合一的宇宙观，天有无私、生生之德，人可以通过孝悌忠信的修身，逐渐形成服务家国的人生观，从君子到贤人，最后达到"与天地合其德"无私的圣人境界，这样"人性善"就成为中国对于人的基本判断。德才兼备的人才，经过推荐、选拔、培养、锻炼，一步步成长为国家最高领导人，就必然会廉洁奉公、一心为民，百姓受其感召一定会围绕在他周围，形成"核心—场域（focus-field）"的政治模式。这种模式是"众望所归"自然形成的，要求"核心"不但要有无私服务的美德，还要在各方面成为典范，引领人民。

西方的宇宙观是上帝创造世界，人有原罪，"人性恶"成为基本判断，这样就无法形成君子集团组成的政党，也无法产生有核心的政治模式，社会意识形态即反映"政府"与"个人"是一对怨偶，百姓要时时提防政府，也不敢让一个"坏人"掌权太久，必得轮换上另一个"坏人"对其进行制约。这是西方党争式多党轮换制形成的哲学根基。

政者，正也，子帅〔1〕以正，孰敢不正？

——《论语·颜渊》

注释

〔1〕帅：带头。

译文

政治的"政"，就是正派、正直、正义和公正的意思。（作为领导）你带头走正道，（下属）还有谁敢不走正道呢？

解析

"政者，正也"，《论语》在两千多年前的这个判断，反映出中国人对于政治性质的判断。中国的第一本字典《说文解字》采用了这个定义，因此，"政"在中国两千多年来一直是一个饱含道德意识的褒义词。"政治"不是利益团体互相监督妥协的工具，而是德才兼备的君子集团，服务百姓、推行德教的公器。

相对而言，英文当中的 politics（政治），源自古希腊"城邦、城市"词根，只是一种城邦公民的管理事务，并没有什么道德意识。由于西方上帝创造人的宇宙观，以及建立在原罪基础上的"人性恶"判断，西方社会基本上是建立在单体个人的假设之上，而政治的目的只是应对个人的财产保护，既不涉及各种社会关系、家庭关系，也不涉及个人道德。这一点在霍布斯、洛克的"自然状态"假设中说得明白。他们的启蒙哲学所构想的社会，就像鲁滨逊的孤岛，人人都是上帝单个制造出来的，彼此没有关联，没有"仁义礼智信"

革故鼎新 与时俱进

这些道德理念，所有的只是独立、自由、不受限制、防范他人的概念。因为担心自己受到伤害后，没有一个裁判者，因此不得不建立一个政府，让渡出一些自由权利来作为代价，这就是他们设想的基于政治契约而产生的政府。

我们要问的是，政府真的是这样产生的吗？何时，哪一个政府是如此签订契约产生的？所有这一切，全都是自由主义创立者头脑中的假想。《孟子》当中描述了中国早期圣王产生的过程。中国远古洪水泛滥、野兽横行，那些既孝顺父母，又有能力领导大家治水的人，自然成为部落首领，受到人民的爱戴。因此，中国和西方的政治是两个不同的叙事，一个是真实存在的同舟共济关系，一个是建立在假想上的互相戒备防范关系。这两种认知的不同形成了中西迥然不同的政治目标：中国努力组成好政府，西方竭力防范坏政府。

大道之行也，天下为〔1〕公。

—— 《礼记》

注释

〔1〕为：wéi，属于。

译文

在大道施行的时候，天下是人们所共有的。

解析

中国从造字时起，就对"公"和"私"进行了价值判断，"私"在造字之初写作"厶"，是带有贬义色彩的，因此今天"鬼""魔"等贬义字中都包含"厶"这个元素，而"公"的涵义恰恰相反，公平、公正、公道等由"公"组成的词语，都是褒义词。

这和中国"一多不分"的宇宙观有直接关系。中国人认为，自己不是单子个体，而是和家庭、国家乃至天下紧密相连的，因此，人越去掉私心，越扩展了自我的宽广度，直到达到"万物皆备于我"天人合一的境界。这就形成中国文化四海一家、天下大同的世界观。因此，中国的文化基因就是链接、融通的利众、利通、利生思维，"共同富裕""一带一路""人类命运共同体""世界生态共同体""社会主义"乃至"共产主义"，都是由两千多年前"天下为公"的理想，自然延展出的中国愿景。无论如何改革，这样充满家国天下格局的宏伟理想，都不应动摇和放弃，尽管要让生活在"一多二元"个体独立文化中的人们理解，还需要假以时日。

革故鼎新　与时俱进

道〔1〕之以政，齐〔2〕之以刑，民免而无耻。道之以德，齐之以礼，有耻且格〔3〕。

——《论语·为政》

注释

〔1〕道：dǎo，领导、引导。

〔2〕齐：整治、规范。

〔3〕格：正，符合法式。

译文

如果用政令来领导百姓，用刑罚来整治百姓，百姓就想方设法规避法律免于受罚，变得越来越没有愧疚羞耻心；如果用道德来引导百姓，用礼义来规范百姓，百姓就既有廉耻之心，又遵纪守法。

解析

革故鼎新中，要特别注意"德治"与"法治"二者关系的平衡。

在西方文化中，人有原罪，无法自我管理。美国"宪法之父"麦迪逊说："制定宪法前，必须承认人性之恶。我们应该假定每个人都是无赖瘪三，他的每一个行为，除了私利，别无目的。"这样的民众，显然没有什么道德可言，要靠体现上帝意志的法律来管理。翻阅美国宪法可以发现，上帝赋权是美国宪法的基础，因此西方的"法治"其实是"神治"，这是美国法庭要按着《圣经》宣誓的原因。

中国人的头顶没有假设的上帝，人之初，性本善，人可以修德配天来管理自己，所依据的不是上帝赐予的律条，而是人类社会自然形成的人之常情、事之常理，是由"仁义礼智"人德外现的礼义规范，这出于人自别于禽兽的自觉自律，因此比"法"更绵密、更有效、也更令众悦服。

需要说明，儒家并非主张废弃法律，而是认为法律不应成为唯一主导治理手段。"建国君民，教育为先"，政治本来就担负着以先觉觉后觉的道德教化任务，不教而杀谓之虐，应以德教作为主要治理方式。同时，如果将法律抬到社会标高位置，主张"法无禁止即可为"，那么百姓就会设法规避法律做缺德的事，钻研钻法律空子的律师就会大行其道，如此，奸猾巧辩之徒、寡廉鲜耻之辈就会层出不穷，社会就会陷入动辄讼诉的持久消耗当中。

习近平总书记指出，中华法系有很多优秀的思想和理念，如：出礼入刑、隆礼重法的治国策略，民惟邦本、本固邦宁的民本理念，天下无讼、以和为贵的价值追求，德主刑辅、明德慎罚的慎刑思想，援法断罪、罚当其罪的平等观念，保护鳏寡孤独、老幼妇残的恤刑原则，等等，都值得我们传承。

总之，在革故鼎新过程中，切莫将中国传统抛到脑后，最理想的政治形态，莫过于"礼乐刑政"的统一，才是最完备的治国方略。

天道无亲，常与〔1〕善人。

——《老子》

▎注释▎

〔1〕与：帮助。

▎译文▎

天道没有私亲，但常帮助善人。

▎解析▎

　　人性究竟是善是恶，不是辨不清楚的问题，而是接受不接受已经分辨清楚结果的问题。这命题实际上是一个人、一个民族、一种文化的主观选择，一旦选定，就会决定其人生观、社会价值观和实践方向。

　　中国最晚从周代开始，就已经明确天命来自人的道德，而非来自上天对某人的特别眷顾。因此人生的价值就在于行善积德、修身立命。国家治理，就在于引导民众做好人。只有立善法、行善政、做善事，上天才会保佑这个国家。

　　什么是善法？惩恶扬善才是善法，反之，无论程序多么正义，都非善法。比如，前些年因扶老人被讹案例，见义勇为伤及罪犯的案例，因为助人的一方被判赔偿，造成社会助人风尚受损。好在，近几年有所反思并得以修正。

　　在革故鼎新，推行新政策、修订新法律时，一定要与中国本身的文化逻辑进行对照，天道不会保佑某个特定的国家，只帮助那些有道义的国家。

摇镜，则不得为明；摇衡〔1〕，则不得为正。

——《韩非子·饰邪》

注释

〔1〕衡：秤杆。

译文

摇晃镜子，就看不到明晰的影像；摇动秤杆，就得不到正确的轻重。

解析

正确的是非观，对于人生、社会、国家乃至天下如同定盘针一般重要，失去了正确的是非观，整个社会的价值观就会发生紊乱，国家就会像大海上迷航的巨轮面临沉没的危险。

中国传统文化衡量是非的标准是"仁义礼智"的为人标准，因此中国语言中最严厉的谴责就是"不仁不义""禽兽不如"，因为在中国传统文化看来"人"和"动物"不属于一类，孔子说"鸟兽不可与同群"。

西方文化认为，人和动物都属于被创造物，所不同的是人会算计、会用工具、会思考，因此"人是一种理性动物"。进化论产生之后，人们将人归类于灵长类动物，与猩猩、猿猴建立起亲缘关系，只不过会讲话、能用工具，位于进化的高端，也是食物链的顶端。这使弱肉强食、优胜劣汰的自然法则潜移默化地成为人类的社会法则。如此一来，"仁"这个重要的区别于动物的道德内涵就被

革故鼎新　与时俱进

从"人"的定义中悄悄抽离了。《现代汉语词典》对人的解释是："能制造工具、并能熟练使用工具进行劳动的高等动物。"这定义已经完全失去了中国"仁义礼智"人之所以为人的道德内涵。"人"的定义，是镜，是衡，镜摇衡动，必然发生价值观、是非观、人生观等一系列的扭曲变形。

习近平总书记指出："弱肉强食不是人类共存之道，穷兵黩武无法带来美好世界。"① 近代以后，中国遭受列强的侵略、凌辱、掠夺达百年以上，向西方学习也已经过百年，当中华民族复兴之际，明镜正衡，至关重要。

---

① 习近平：《弘扬传统友好　共谱合作新篇》，人民出版社 2014 年版，第 7 页。

第五篇

与时进

中国文化认为，没有一成不变的世界和自我，一切都在发展变化当中，都是场合性的、情势性的。因此必须与时俱进，否则，昨日的创新，会变成明日黄花。同时，『与时俱进』并非西方上帝创造世界的单线单向历史观的所谓『进步』，而是与时偕行、守正演进。

> 形而上者谓之道，形而下者谓之器〔1〕。化而裁之谓之变，推而行之谓之通，举而错〔2〕之天下之民谓之事业〔3〕。
>
> ——《易经·系辞传上》

注释

〔1〕器：具体承载物，这里指道德原则外现的具体规章、制度。

〔2〕错：通"措"，放在，用在某方面。

〔3〕事业：这里指政事。

译文

无形迹的常理叫做"道"，有行迹的体现叫做"器"，根据情况调适叫做"变"，推动实行叫作"通"，取来用在人民身上，叫做"事业"。

解析

这句千古名言说明了"守正"与"创新"的关系，体现出中国"一多不分"的通变思维。"通"意味着有贯通的"道"；"变"意味着有因时制宜的"器制"，这是一种恒常性和灵动性的统一。

这世界上有一种看不见、摸不着却能体会到的东西，那就是人类的情感。虽然是无形的，却不能否认其存在。喜怒哀乐爱恶欲七情，不但人有，动物也有，但有一些情感却只有人类具有，而在动物那里缺少或十分微弱的，就是同情心、羞耻心、礼让心和是非心。虎狼吃掉小羊，绝对不会找借口或有愧疚，但即使是罪大恶极之人，在杀人放火时，也有良心的挣扎。孟子发现了这一念良知的可贵，尽管微弱，却是驱散动物野性之人性光明。这样的良知是无形的，但却是人类共有，因此成为人之常理，称之为"道"。

发于其心，必行于其事，这种恒常的"道"必然会体现在具体社会规范和制度上，使其成为"道"的有形载体，这在中国主要表现形式是"礼"，在西方则是"法"。由于"礼法"是"道"的具体体现，一定因时因地而有差异，需要不断根据情况做出调适。调适的本质在于去掉"害生""害众""害通"之处，通过革故鼎新，疏通好社会各种关系，这样就能不断造福人民。

因此，永远没有一劳永逸的时刻，必须把每一个目标的完成当成新的起点。建国、富国、强国、文化兴国，民本思想、仁政传统不变，但是具体的政策形式却要不断与时俱进，这样我们的民族就一定能兴旺繁盛，道行天下。

八卦成列，象在其中矣；因而重〔1〕之，爻在其中矣；刚柔相推，变在其中焉；系辞焉而命〔2〕之，动在其中矣。吉凶悔吝〔3〕者，生乎动者也；刚柔者，立本者也；变通者，趋时者也。

——《易经·系辞传下》

注释

〔1〕重：重叠。

〔2〕命：告。

〔3〕悔吝：事情不圆满，有小失误和后悔成分。

译文

八卦排列，就有了各种象；进而将它们两两重叠，（每一卦）就有了六爻；爻位中刚柔相互推移，就形成了变化；把辞句与卦爻联系在一起指导人们，就变成了人们的行动。吉凶悔吝，是在行动中产生的状态；刚柔是变化的基础，变通是与时俱进。

解析

这是《周易.系辞下传》开首的一段话，阐明了六十四卦之所以能够指导人生事业的原理。

当我们面临重要选择无法决断时，有时会用抛硬币的方法来帮助自己下决心。硬币落下只有两种可能，或正或反。用"—"，代表正面阳爻，用"- -"，代表反面阴爻。如果我们把硬币抛三次，把每次的结果依次排列，就会得到八种组合，即：☰（乾）☷（坤）☳（震）☴（巽）☵（坎）☲（离）☶（艮）☱（兑），这就是八卦。

八卦两两重叠，就得到六十四个不同的卦象，每一卦由六爻组成，从下到上，就形成刚柔相济的变化。六爻分别代表从低到高不同的社会位阶，从新生到壮大不同的发展阶段，这就是爻序时位。人们在不断地占卜中，渐渐悟到各事物发展的整体过程和各阶段特点，于是渐渐形成了与卦爻相连的卦爻辞，成为指导人们行动的指南。

只要有行动，就会有吉凶悔吝。"吉"就是做到圆满；"凶"就是完全不尽责；"悔吝"就是没有做到位，需要快快弥补。在行动当中，总有刚柔两方面需要平衡，要时时调整，因时制宜。

《易》之为书也不可远，为道也屡迁，变动不居〔1〕，周流六虚〔2〕，上下无常，刚柔相易，不可为典要〔3〕，唯变所适。

——《易经·系辞传下》

注释

〔1〕居：定。

〔2〕六虚：这里指组成易经卦象的六爻。

〔3〕典要：定规、模板。

译文

《易经》作为书是不可离开的，它所指的"道路"是常常变化的，变动而不固定，周遍地流转在六爻的位子之间，在上位和下位没有定规，刚柔之间常常互相转换，没有不变的模板，只有根据合适的情况改变。

解析

最能体现中国"通变型"思维的经典就是《易经》，孔颖达在《周易正义》中说："夫易者，变化之总名，改换之殊称。"有的英文译本干脆就把《易经》翻译成 *The Book of Changes*（《变化的书》）。

不过，也有学者认为《易经》的"易"其实包括三层涵义：其一为"变易"，其二为"简易"，其三为"不易"。这并不难理解，因为"通变"思维，本身就是"不变"和"变化"之统一，而这样的"不变随缘"又是至简至易之大道。

《易》本来是远古占卜的书，卜者用五十根筮草操作三次，得

革故鼎新　与时俱进

209

出一个数字，奇数就画"**—**"，为阳爻，偶数就画"**— —**"，为阴爻，如此反复操作十八次，就得到六爻形成一卦。阴阳六爻排列组合，就得到六十四个不同的卦象，分别讲述一个不同主题的事物框架。比如：启蒙、诉讼、成长、家庭等，由于人类社会无论怎么发展，基本社会人际关系、人之常情变化不大，因此，大千世界丰富多彩的人类生活归纳成的重要主题并不太多。比如一个"爱情"主题，从古到今可以演绎出无穷多的爱情故事，这 64 个主题，也基本涵盖了社会生活的一切方面。并且每一卦的六爻代表了不同爻序时位，这样 384 爻基本就涵盖了社会生活的大部分主要情境。

　　杜保瑞教授认为"情境性"是中国哲学的重要特点，他反复强调《周易》最重要的就是爻辞，读懂了针对不同爻序时位的爻辞，就像有一个睿智的圣人在身旁提点一般。《易经》所给的指示，根据上下、刚柔、爻位不同是变动的，一切都要因时因地制宜，这个"宜"就是"正理"，因此，如果明白常情事理，就不需要占卜。这就是"善为易者不占"的道理。

《易》之为书也，原始要〔1〕终，以为质〔2〕也。六爻相杂，唯其时物也。其初难知，其上易知，本末也。初辞拟〔3〕之，卒成之终。

——《易经·系辞传下》

注释

〔1〕要：求。

〔2〕质：整体。

〔3〕拟：比拟。

译文

《易经》作为一本书，考察事物的开始，探求它的终点，用作研求一事物的整体。六爻阴阳相杂，代表事物每一特定时期内的发展。刚看它的初爻，难以明白整体内涵，看了上爻就明白多了，因为看到了本末。初爻的辞是比拟事情的开始，上爻的辞是确定事情的结局。

解析

这一段话，充分体现了《易经》整体性变化思维。对每一卦，都首先用卦辞从宏观进行整体判断，将卦象看做一个有始有终的整体。然后用六爻的爻辞来阐明每一个特定阶段事物的变化特点与个人的角色定位。这种"大处着眼，小处着手"的通变思维，形成中国人做事的全局观和灵活性。

这种思维贯穿于《易经》全书，每一爻都要结合特定卦，看其在六爻中的搭配、比例。因此在现实生活当中，每一个对策都要放在具体关系和整体情境中加以考察，看其是否适用。不能排除一切变量，孤立地看待某一爻是凶是吉；也不能不考虑时势环境，孤立地评价某项政策是好是坏。一项事业，只有每一个阶段都应对合时，每一个角色都定位合宜，事业才能有始有终，取得成功。

比如，在国家衰亡背景的"大过"卦（䷛）中，虽然二爻五爻都是阳爻，但"九二"在基层的变革被喻为"枯杨生稊"，如同"老先生娶了个年轻妻子"，还有生育的希望，因此"无不利"；而"九五"处君王之位，其变革被喻为"枯杨生华"，枯树上开了一朵花，只是换汤不换药的表面文章，如同"老妇人和一个小伙子结婚"，结果就是"无咎，无誉"，没什么错，也没什么效果。

"潜龙勿用"，阳气潜藏；"见〔1〕龙在田"，天下文明；"终日乾乾"，与时偕〔2〕行；"或跃在渊"，乾道乃革；"飞龙在天"，乃位乎天德；"亢龙有悔"，与时偕极；乾元"用九"，乃见天则。

——《周易·乾卦文言传〔3〕》

注释

〔1〕见：通"现"，出现。

〔2〕偕：xié，同。

〔3〕《文言传》：《周易》包括"经"和"传"，《文言传》属于"易传"的组成部分之一，主要阐释乾坤两卦的内涵。

译文

（初九）"巨龙潜伏水中，暂不施展才用"，说明阳气潜藏未现；（九二）"巨龙出现田间"，说明天下文采灿烂；（九三）"整天健强振作"，说明追随时光向前发展；（九四）"或腾跃上进，或退处在渊"，说明"天道"转化、出现变革；（九五）"巨龙高飞上天"，说明阳气旺盛正当天位、具备"天"的美德；（上九）"巨龙高飞穷极，终将有所悔恨"，说明随着时节推展而穷尽衰落；天有元始之德而"用（阳刚化为阴柔的）九数"，这是体现大自然的法则。

解析

《周易》是儒家五经之一，"革故鼎新""与时俱进"两个成语都源自《周易》，因此，《周易》全书都充满了因时、因位变动的思想。

《周易》六十四卦提供了 64 个不同主题的社会人际事物发展剧本，每个剧本有六幕（六爻），虽然剧情不同，但是有一些共性。杜保瑞教授提出，《周易》的六爻，有位阶发展的一定之规和应对之策。乾卦就很好地体现出这一点。

乾卦为《周易》第一卦，卦象为六根阳爻☰，代表最高领导人的成长过程，因此全卦以"龙"作为主角。初九为潜龙，代表新手，要沉潜学习，不要表现；九二为现龙，成为基层主管，承担服务，造福一方；九三为蓄势待发，需要持久地学习，在反复锻炼中成长；九四进入高层储君之位，要有老子的智慧，格外谦虚，照顾百姓，不要名誉，因为这个爻位，容易受到君王的猜疑；九五为飞龙，代表君王，既要有儒家的德才兼备，也要有道家的有功无我，还要有法家的杀伐决断，因为天下安危系于一人之身；上九是太上皇，与时偕极，须安享晚年，功成身退，不要掣肘新君的政务，否则会形成冲突，扰乱国家。由于乾卦通过变卦可成为其对照的坤卦，说明物极必反的道理。

可以看出，虽然六爻都是阳爻，但由于所处位阶和发展阶段不同，所扮演角色行事风格各异，充分说明了中国文化"整体关联，动态平衡"的特色。

明者因时而变，知者随事而制〔1〕。

——《盐铁论》〔2〕

注释

〔1〕制：制定制度。

〔2〕《盐铁论》：西汉后期政论文集。原为汉昭帝时盐铁会议的文献，后经桓宽整理而成此书，是研究西汉经济史、政治史的重要史料。

译文

明白人常会根据时局变化而改变策略，智慧的人会随着事物的发展而制定相应的制度。

解析

这句名言告诉我们，没有一成不变、一劳永逸的安民之策，安民之初心不能变，但由于事物始终处于发展之中，安民之策必须与时俱进，随事而变。

汉初，经历秦朝暴政之后，社会经济全面凋敝，因此汉初采用黄老之道，无为而治、与民休息，赋税一度低到三十分之一。到文帝、景帝时，取消抑商限制，弛山泽之禁，国内统一市场、商品自由流通、货币由私人铸造、立法买卖官爵，这种自由主义市场经济，迅速激励了社会生产各个要素，出现了经济迅速繁荣的局面，即文景之治。

然而，由于经商成为迅速致富的途径，百姓大量弃农经商，

革故鼎新　与时俱进

产生了农业与商业的结构性失衡，粮食生产不足，社会贫富分化加剧，遇到天灾，就只能卖田地房屋、甚至卖子孙。这不但造成社会不稳，而且影响社会价值观"以贫求富，农不如工，工不如商，刺绣文不如倚市门"[1]。"天下熙熙，皆为利来；天下攘攘，皆为利往"[2]。而放弃造币权，更使国家财富大量流入民间造币大户。

武帝时，任用桑弘羊进行了一系列加强国家掌控宏观经济的改革，收回铸币权，发展盐铁国家专营，采用均输法、平准法调控市场；实施算缗令，税富济贫，使国家财政大为好转。同时采取了董仲舒"罢黜百家、独尊儒术"的建议，矫正了全社会的核心价值观，使汉代各方面达到鼎盛。

西汉建国前八十余年政策更替的史实，清楚地说明"政策需因时而变，制度需随事而制"的道理，对今天仍有启迪。

---

① 出自《汉书·货殖传》。
② 出自《史记》第 129 章货殖列传。

法与时转则治，治与世宜则有功〔1〕。

——《韩非子·五蠹》

注释

〔1〕有功：取得成效。

译文

法度应顺应时代的变化而变化，社会才能治理得好；社会治理与社会实际相适应，才能取得成效。

解析

俗话说三十年河西，三十年河东。为何三十年就会发生质变呢？因为三十年为一世，很多旧问题已经逐步平复解决，而新的问题又随之产生并逐渐加剧，因此政策必须做出反向性调整。老子说：反者道之动。易曰：反复其道，七日来复，天行也。

回顾中国外交发展史，可以看到在"和平共处五项基本原则"不变的前提下，每过十年，外交政策就会有一个调整，而三十年就有重大变化。新中国成立初期，采用的是"另起炉灶"、"打扫干净屋子再请客"和"一边倒"的三条方针，革故鼎新，与旧中国的屈辱外交彻底决裂，旗帜鲜明地进入社会主义阵营。20世纪50年代末到70年代，面对严峻复杂的世界局势，毛主席提出了"两个中间地带""三个世界"的战略思想，加强了同亚非拉和欧洲国家的团结，为后来中美、中日关系正常化，和恢复联合国席位奠定了基础。70年代末，中美正式建交。十年之后，面对苏联解体、东欧

革故鼎新　与时俱进

巨变，中国采用"韬光养晦、发展经济"的政策。三十多年后，中国提出构建"人类命运共同体"的世界新秩序方案，开始积极参与全球治理。可以看到不同的历史阶段，有适时的政策调整，不可以刻舟求剑的眼光来做评论。

履不必同，期〔1〕于适足；治不必同，期于利民。

——《默觚〔2〕·治篇》

注释

〔1〕期：求，期望。

〔2〕《默觚》：gū，清代思想家魏源的著作。

译文

鞋子不必求同，只求能合脚；国家制度不必相同，只求能有利于人民。

解析

革故鼎新，与时俱进，并不是要赶新潮，人云亦云，而是要始终根据时势的发展，调整适合自己的政策。否则就是削足适履，张冠李戴。

老子云：善有果而已。无论何种制度、何种政策，一定要以"利民"作为标准。但"利民"这一标准也不宜判断。原因何在？

其一，是长期利益和短期利益的问题。中国是长效文化价值国家，因此制定政策会从长远出发，久久为功，才能看到效果。比如脱贫攻坚，大型基础设施修建，都不如承诺高工资、高福利见效快。但却能够通过几十年，使国家从积贫积弱成为世界重要经济体，并稳步发展，保证了百姓的根本利益。

其二，是不同文化价值取向不同。比方中国文化以"保护生命"为最高利益，有些文化则以"个人自由"为最高利益；中国文化以

"安定团结"为利，但有些文化却以"批判抗议"为利。

由于这两点，一个国家的美味很可能变成另一个国家的毒药，在这种情况下，"履不必同，期于适足；治不必同，期于利民"，萝卜青菜，各取所爱，只要不把自己的制度强加于别人就好。

> 吾闻出于幽谷〔1〕迁于乔木者，未闻下乔木而入于幽谷者。
>
> ——《孟子·滕文公上》

注释

〔1〕幽谷：幽深的山谷。

译文

我听说鸟儿从幽深的山谷飞出来，迁到高大的树上，没听说鸟儿从高大的树上飞下来，回到幽深的山谷里。

解析

革新是为了进步，不是为了退化。进步不仅指物质和技术，还包括行为举止和道德水准。

战国时，有一个叫许行的人，带着弟子来到滕国，以种粮食、打草鞋、编席子为生，过着自给自足的生活。两个儒生陈相兄弟看到后很欣赏，就放弃儒学，转学许行。他们认为国君也应下田劳动，养活自己，国家不应有仓廪府库，否则，就是剥削百姓。孟子从人类社会发展角度，指出陈相兄弟的看法不是什么革新，而是一种"下乔木入幽谷"的退化，说二人是"不善变者"。

中国在远古时期，洪水泛滥，野兽逼人，领导人大都是治理洪水、发展农业的功臣。人民安居乐业之后，领导人有更深的忧虑"饱食、暖衣、逸居而无教，则近于禽兽"。因此，"教以人伦：父子有亲，君臣有义，夫妇有别，长幼有序，朋友有信。"民生和教育，是相互协作的系统工程，需要有德的政府来规划和组织。陈相兄弟以为人只要有物质可以维生就好，忽略了政府还有组织教育功能，而这恰是儒家强调的人之别于动物的社会性之所在，因此，孟子批评其为退化性变迁。

吾闻用夏〔1〕变夷〔2〕者，未闻变于夷者也。

——《孟子·滕文公上》

注释

〔1〕夏：中原诸夏，中国。

〔2〕夷：本指东方之人，这里代指中原以外的边远部落。

译文

我听说过用诸夏的文明去改变四夷的，没听说过诸夏被四夷所蛮化的。

解析

"夷夏之辨"也称"华夷之辨"，是古代中原诸夏为保护其农耕生活方式，特别是礼义道德观念而形成的区别于周边游牧之民的文化概念。需要说明的是，这并非种族、血统、地域的排外和歧视，而只是生活方式和文明样态的区别。因此，华夷可以相互转化。舜生东夷，文王生西夷，但进德习礼都成为中国圣王。相反，若诸夏不合礼义，会被视为夷狄。

"华夷之辨"本质是人类文明发展的概念。先秦时，华夷主要是服饰和礼仪有无的差异。早期人类以牧猎为生，茹毛饮血，居无定所，身上带有动物性特征，披头散发，好斗无序、贪婪懒散、随意两性行为等。农业发展之后，人类居有定所，逐渐摆脱与野兽共居的生活方式，产生了自别于禽兽的人类独特性自觉意识。五谷熟食、束发穿衣、人伦礼义，被视为人类走向文明的自觉性表征。"服章之美谓之华，礼仪之大谓之夏"，华夏，就成为一个自别于动物野性的文化概念。

孔子在《春秋》中说："夷狄入中国，则中国之；中国入夷狄，则夷狄之。"可见，"华夷之辨"并非血统和地域性歧视，而是一种人类区别于动物性生活方式的文明自觉。彭林先生针对这一问题指出"我们没有民族歧视，只有文化达标。"程颐先生说："礼一失则为夷狄，再失则为禽兽。"因此，在革故鼎新当中，要守住中国数千年来人之为人的华夏底线。否则，就不是"善变者"。

楼宇烈先生在《中国的品格》一书中曾提到这样一件事，1935年有十位著名的教授共同发表了一个《中国本位的文化建设宣言》，说当时"从文化的领域里面去展望，现在世界里面固然已经没有了中国，而中国的领土里面也几乎已经没有了中国人"。读来令人唏嘘感叹。今天，当中华民族全面复兴之际，中国既要有自我的认识，也要有世界的眼光，既要有不闭关自守的肚量，也要有不盲目模仿的决心。周虽旧邦，其命维新。楼先生认为，"只有具有坚实、鲜明的中华文化传统的现代化中国，才能使中华民族在世界民族之林中立于不败之地。"诚哉，斯言！

责任编辑：洪　琼
版式设计：顾杰珍

图书在版编目（CIP）数据

革故鼎新　与时俱进／田辰山，赵延风 编著 . —北京：人民出版社，　2022.5
（典亮世界丛书）
ISBN 978 － 7 － 01 － 024287 － 3

I. ①革… II. ①田…②赵… III. ①中华文化 – 通俗读物 IV. ① K203–49

中国版本图书馆 CIP 数据核字（2021）第 258742 号

革故鼎新　与时俱进
GEGUDINGXIN YUSHIJUJIN

田辰山　赵延风　编著

人民出版社 出版发行
（100706　北京市东城区隆福寺街 99 号）

北京中科印刷有限公司印刷　新华书店经销

2022 年 5 月第 1 版　2022 年 5 月北京第 1 次印刷
开本：710 毫米 ×1000 毫米 1/16　印张：14.5
字数：230 千字

ISBN 978 － 7 － 01 － 024287 － 3　定价：69.00 元

邮购地址 100706　北京市东城区隆福寺街 99 号
人民东方图书销售中心　电话（010）65250042　65289539